# 행복도 제하기 나름, 행복실천론

진종구 지음

우리는 흔히 행복하다고 말한다. 그런데 무엇이 행복일까?
그 본질을 아는 사람은 드물다.

동문사

# 서문

우리는 흔히 행복하다고 말한다. 그런데 무엇이 행복일까? 그 본질을 아는 사람은 드물다. 최근 행복해지기 위한 방법이 화두에 오르고 있다. 그리고 대학에서도 행복학을 강의하는 경우가 생겨났다. 대부분의 사람들은 행복이 그저 그렇게 찾아오는 것이라고들 말한다. 이는 행운과 행복을 제대로 구별하지 못하는 데서 오는 오류다.

일반적으로 행복해지려면 내 마음부터 다스려야 한다. 사소한 것에서 행복을 찾는 습관을 들여야 하며, 그 습관을 정착시키기 위해 끝없는 훈련을 거듭해야 한다. 그래야 행복해질 수 있다. 노력 없이는 성과도 없기 때문이다. 쉽게 얻은 것은 쉽게 사라진다(Easy come, easy go.)는 격언을 금과옥조로 삼는 지혜가 필요하다.

이 책에서는 행복에 이르는 방법 중 하나로 갈등관리를 꼽았다. 자신의 내면을 정리하고 자신과의 갈등을 효율적으로 극복하여 자기계발능력을 도모하도록 하였고, 더 나아가 타인과의 관계에서 남을 배려하는 자세를 갖도록 하는 등 대인관계능력을 향상시키도록 편성하였다. 갈등 속에서 허우적거리다 보면 행복은 먼 나라의 일이 되기 때문에 갈등관리가 행복학의 중요한 요소인 셈이다.

또한 긍정적 마음을 갖고 살 수 있는 방법을 나열함으로써 궁극적으로 행복을 성취할 수 있도록 하였다. "모든 것은 마음이다. 생각하는 대로 이뤄진다."라는 부처의 말씀처럼 우리의 뇌는 상상과 현실을 구분하지 못한다. 그렇기 때문에 지속적으로 성공과 행복을 상상하면서 이를 실천해 나간다면 우리의 뇌는 상상을 현실로 바꿔준다. 상상은 뇌에 존재하지만 실천은 현실세계를 오감으로 느끼게 만들기 때문이다.

또 다른 부분에서는 행복을 달성하는 방법들을 제시하였다. 아무리 긍정적인 마음을 갖고 산다 할지라도 계획과 실천이 없으면 사상누각(沙上樓閣)에 불과하다. 구체적인 계획을 세우고 그 과정을 즐긴다면 행복을 성취한다는 것이 그리 어렵지 않다는 것을 알 수 있다. 실천방안을 설계하여 삶을 즐기는 것이 무엇보다 중요하다.

이 책을 통해 행복학을 공부한다면 갈등관리를 통해 대인관계능력과 문제해결능력을 배양하고, 긍정적 마인드를 가짐으로써 자기개발능력까지도 함양할 수 있는 장점이 있다. 또한 고대 철학자들의 가르침처럼 도덕성을 겸비한 행복기법을 실천해 나간다면 타인의 입장을 고려하고 남의 말을 들어줌으로써 의사소통능력까지도 쌓아나갈 수 있다. 그러므로 일석사조(一石四鳥)의 효과를 거둘 수 있으니 얼마나 좋은 일인가! 국가도 직업기초능력 모듈 프로그램을 통해 이러한 교육을 장려하고 있는 실정이다.

아무튼 행복학은 여타 학문처럼 이론적 논리에만 치우치지 않고 실천을 강조하는 실용학문이다. 그러므로 독자들은 이 책을 한 번 읽고 덮어두는 책쯤으로 여기지 말고 행복을 성취하기 위해 끊임없이 자신의 몸과 마음을 갈고 닦는 데 참고했으면 좋겠다. 행복은 우리가 이 세상을 살아가는 동안 부지런히 노력하고 연습해야 얻을 수 있는 것이기 때문이다.

2016년 늦가을의 뒷문을 나서며

저자 진 종 구

# 차례

| 제1장 |

# 행복학의 기본 개념

# 01
# 행복학이란?

## 긍정적 마음을 연구하는 실용학문이다.

행복하게 산다는 것은 참으로 어려운 숙제다. 그러나 되짚어 생각해 보면 행복은 객관적이라기보다는 주관적 요소가 더 많이 작용한다는 점을 알 수 있다. 가진 것이 많을수록 자신이 행복하다고 믿는 경우가 드물다. 왜냐하면, 그들은 한없는 욕심을 갖고 살기 때문이다. 반면, 가진 것이 적은 사람일수록 조그마한 일에도 만족하는 삶을 사는 경우가 많다. 극빈자들은 단 한 끼의 식사만으로도 욕구가 충족되기 때문이다. 자신이 스스로 행복하다고 느끼면 그로 인해 행복이 우리 가슴에 찾아든다. 우리가 마음 문을 활짝 열고 행복해지기 위해 꾸준히 노력한다면 행복해진다는 것이 그리 어려운 일이 아니다.

우리 뇌세포는 생각에 따라 모양과 기능이 끊임없이 변화한다. 행복해지고 싶다면 긍정적인 생각으로 그 생각을 실천하려고 노력해야 한다. 그러면 뇌는 생각하는 대로 변화된다. 이를 신경가소성(Neuroplasticity)의 원칙이라 부른다. 그러나 중요한 점은 '생각은 생각일 뿐이다.'는 사실이다. 실천이 뒤따르지 않는 생각은 어느 것 하나도 이룰 수 없다.

미국 펜실베이니아 대학의 긍정심리학자 마틴 샐리그만 교수는 '학습된 낙관주의'가 행복을 가져온다며 계속된 훈련을 통해 행복도를 높일 수 있다고 주장한다. 또한, 행복감이 높은 사람이 일반적인 사람보다 평균 8.5년을 더 산다는 발표도 있었다. 원래 행복은 유전적 요인 50%, 환경적 요인이 10%인 가운데 학습에 의한 낙관성(후천적 요인)이 40%라는 것이다. 그런데 가장 중요한 것은 행복해지기 위한 연습에 의해 성취되는 40%가 나머지

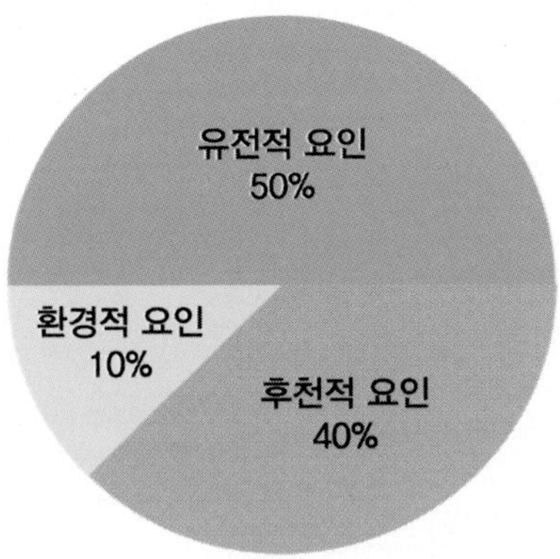


그림 1-1 _ **행복을 결정짓는 요인**

60%의 요인도 지배할 수 있다는 것이다. 이것은 행복을 향한 자기 자신의 노력과 훈련이 중요하다는 사실을 증명하고 있다.

이와 별도로 긍정심리학자들이 주장한 학습에 의한 낙관성 40%보다 우리나라 사람들이 더 높은 낙관성을 보인다는 여론조사 결과가 있었다. 물론 심층적인 연구가 아니고 단순 여론조사였지만 그래도 나름의 의미가 있는 것으로 판단돼 소개해 본다. 지난 2015년 12월 한국사회여론연구소에서 전국 성인남녀 800명을 대상으로 휴대전화 여론조사를 실시한 결과 '행복도 연습하면 얻을 수 있다.'는 말에 대해 62%가 동의했다.[1] 긍정심리학자들의 학습에 의한 낙관성 40%보다 무려 22%나 높은 수치였다. 이는 우리나라 사람들이 서구사람들보다 행복에 대한 태도가 좀 더 긍정적이며 능동적이라는 사실을 보여주는 것이다.

인류는 사회문제가 발생하거나 재난이 닥칠 때면 의례적으로 문제점을 찾아 그 문제를 해결해 나가는 정책방향을 설정한다. 한 사건을 부정적인 면에 치중하여 예방대책과 처벌수위를 강화한다면, 사회는 부정적인 방향으로 나아간다. 반면에 어느 사회문제를 긍정적인 방향에서 조망하고 사회의 밝은 면을 강조하여 지속적인 연구와 대책을 수립한다면, 사람들은 희망을 갖게 되고 그로 인해 행복감을 느낄 가능성이 높다.

대부분의 학문이 통계를 작성하고, 연구하고, 논문을 써서 이론적

1) http://news.joins.com/article/19350680

배경을 경쟁적으로 나열하곤 한다. 하지만 행복학은 일상의 삶속에서 행복해지기 위한 조건들을 습관처럼 연습해야 하는 실용학문이다. 그래야 사람들이 행복해지기 때문이다.

'행복은 그냥 찾아오는 것이 아니라 자신이 노력한 만큼 가까이 다가온다.'

## 건전한 몸과 마음을 전제로 한 학문이다.

사람마다 타고난 재능이 다르다. 그런데도 우리 사회는 천편일률적으로 대학입시와 취업에 적응하도록 체계화되어 있어 개인별 재능과 장점을 살리기 어렵다. 많은 사람이 행복하지 못한 이유 중 하나는 자녀의 일거수일투족을 모두 학교 성적과 결부시키는 데서 찾을 수 있다. 성적이 아닌 다른 것들은 모두 무시된다. 자녀가 특정 과목 이외의 다른 분야에 뛰어난 재능과 장점을 보유하고 있는데도 그것을 인정하지 않는다. 우리나라에서만큼은 행복은 성적순이다.

행복학은 인간의 잠재력을 발견하고, 그것을 존중하며 믿음을 갖고 기다리게 하는 학문이다. 성공한 사람들의 인생 스토리를 들어보면, 특출한 능력과 지능지수(IQ)보다는 고난과 역경을 극복해내는 과정에서의 긍정적인 심리상태가 더 중요하다는 것을 알 수 있다. "모든 것은 마음이다. 생각하는 대로 이루어진다."라는 부처의 말씀이 바로 행복학(또는 긍정심리학)의 바탕을 이루고 있다 해도 과언이 아니다. 실패한 삶도 그중에서 일부라도 성공한 면을 찾아내 더욱 발전시켜 나간다면 언젠가는 성공할 수 있고, 그로 인해 행복감을 느낄 것이다. 실패했다고 좌절만 한다면 그는 결코 우울감과 패배감에서 벗어나지 못할 것이기 때문에 마음을 어떻게 다스리느냐가 중요하다. 현재의 고통과 실패는 영원히 지속되지 않기 때문이다.

건전한 마음을 갖기 위해서는 건강한 신체가 밑거름이 돼야 한다. 사람은 불안, 초조, 우울, 무력감 등을 지니고 있다. 반면에 유쾌, 상쾌, 만족, 행복감 등도 갖고 있다. 사람에게는 당연히 불안과 같은 부정적인 요소가 따라다닌다. 불안은 적을 경계하게 만들며, 적과 만났을 때 도망가든지 아니면 먼저 공격하든지 결정을 내리게 한다. 원시사회에서 무서운 적은 사나운 동물이었을 것이다. 이러한 사나운 적들 사이에서 불안감이 없었다면 인류는 지금까지 생존하지 못했을 것이다. 그렇다고 부정적인 감정에 너무 치우치면 안 된다는 것이 행복학이 추구하는 바다. 기왕이면 유쾌하고 행복한 감정을 마음에 담으려고 노력하자는 것이다. 그러려면 당연히 몸이 건강하고 마음이 건전해야 할 것이다. 재산이 아무리 많다 한들 건강하지 않으면 무슨 소용이랴!

02

# 행복의 특성은?

## 행복의 지속성은 물레방아다.

고대 영어에서 행복(happiness)은 우연히 발생한다는 'happen'과 특정한 단계나 시점을 의미하는 'instance'가 합해진 happenstance로 표기했었다. 행복이란 결코 오래 가지 않기 때문에 덧없는 순간에만 가능한 것으로 정의되었다고 볼 수 있다. 단어의 의미로 본다면 행복은 비교적 짧은 기간 마음속에 머물다 가는 나그네와 같은 것이다. 실제로 어떤 사람이 복권에 당첨됐다고 치자. 복권에 당첨된 순간 최고의 행복감을 느꼈겠지만, 시간이 흐르면서 점차 행복의 강도가 낮아지는 것을 실감하게 된다. 그리고 어느 시점이 되면 복권에 당첨되기 이전과 동일한 심리상태가 되어 버린다. 정신분석학자 프로이트(Sigmund Freud, 1856~1939)는 지속적인 행복을 원하는 것은 환상일 뿐이라면서, 아주 엄밀히 말해 '행복이란 욕구가 충족되는 그 잠깐만 느낄 수 있는 것'이라고 말했다.

반면에 아리스토텔레스(Aristoteles, BC 384~322)는 누가 행복한지 판단하려면 짧은 순간의 만족이 아니라 삶 전체를 고려해야 하고, 도덕을 기준으로 인간의 행복을 객관적으로 판단해야 한다고 지적하고 있다. 행복추구가 도덕과 충돌할 때는 결코 행복하다고 볼 수 없다는 것이다. 도덕에 어긋나는 행위를 하면서 남을 희생시켜서까지 자신의 행복을 추구해서는 안 된다는 의미이다. 예를 들어보자.

기원전 6세기 고대 그리스에 속한 시칠리아 섬 아크라가스(현 아그리젠토)의 참주 팔라리스(Phalaris)는 이른바 청동황소라 불리는 참혹한 형벌기계를 만들었다. 속이 빈 청동황소 형틀에는 사람이 간신히 들어갈 정도의 문이 있었고, 그 문을 통해 사람을 집어넣은 뒤 문을 잠근 다음 청동황소 밑에 불을 피워 익혀 죽이곤 했다. 형틀 안의 사람이 비명을 질러대면 청동황소 내부의 공명음이 기괴한 소리로 변질되어 밖에서는 마치 분노한 황소의 울부짖음처럼 들렸다고 한다. 팔라리스는 이처럼 사람을 죽이면서 행복감을 느꼈다. 기원전 554년경 폭정을 일삼던 팔라리스도 결국 자신이 발명한 형틀에 의해 죽임을 당했다. 팔라리스의 행복은 도덕성을 무시한 것이었기에 결코 행복이라고 볼 수 없다.

아리스토텔레스는 이러한 점을 고려하여 도덕성과 결부시킨 행복을 중요시했다. 즉, 인간의 행복 추구가 도덕성과 충돌할 때는 이를 피해야 한다는 것이다.

아리스토텔레스의 견해처럼 삶 전체를 객관적으로 판단하려면 행복의 지속기간(span)을 비교적 길게 잡아야 하는 문제가 발생한다. 그러나 행복이란 참된 도덕성을 침범하지 않는 범위 내에서 보편적인 행동을 전제조건으로 삼아야 한다. 그래서 행복의 지속성은 정도의 차이는 있겠지만, 평균적으로 짧다고 봐야 한다. 자신에게 큰 기쁨이 찾아오면 처음 느끼는 행복의 강도는 아주 크다. 그러나 시간이 흐르면서 점차 행복감이 사그라지면서 어느 시점에 이르면 행복감을 느끼지 않았던 본래의 마음상태로 되돌아간다. 그리고 또다시 가슴 뿌듯한 행복이 찾아오면 기뻐하다가 시간의 흐름에 따라 점차 최초의 마음으로 환원된다. 이처럼 행복은 순간순간 찾아오지만, 그때마다 원점으로 회귀하게 된다. 마치 물레방아가 천천히 돌아가는 것처럼. 그래서 행복은 물레방아의 원칙(Principal of Waterwheel)이 적용된다고 볼 수 있다. 행복의 감정은 그리 길게 머무르지 않는다.

## 행복은 요건·욕구·가치관 등의 혼합체이다.

우리는 행복을 '자신을 만족하게 할 수 있는 요건(component)들을 얼마나 충족시켰는가?'하는 문제로 생각한다. 부모들은 자식의 높은 성적, 명문대학 진학, 대기업 취업, 돈 많은 가문과 결혼 등의 요소로 행복을 판단한다. 자신을 판단할 때는 재산을 최우선으로 지위, 명예, 건강 등의 요건을 얼마나 충족시켰는지가 행복의 관건이 된다. 자신이 원하는 요건들을 충족시켰을 때 행복감이 올라간다는 요건모델(component model)이 바로 여기에 속한다.

그러나 아무리 행복의 객관적 요건들을 충족시켰다 할지라도 가치관에 따라 행복의 느낌이 달라질 수 있다. 로마 황제 네로는 수많은 기독교도를 처형했다. 그 당시 순교를 당하면서도 행복해 했던 종교인들의 가치관은 어떠했을까? 부(富), 명예, 건강 등을 원하지 않았다. 그들은 종교적 가치관에 따라 죽음도 불사하며 하느님께 가까이 다가가기를 염원했다. 몸은 고되고 힘들지라도 마음은 평화가 깃들어 있었을 것이다. 행복의 요건은 시대적·문화적·환경적으로 다르게 나타날 수 있다. 또한, 행복은 가치관에 따라 달라지기도 한다. 만약 가치관을 행복의 조건에서 제외한다면, 배부른 돼지가 궁핍한 소크라테스보다 훨씬 더 행복했을 것이다.

그런데 어떤 경계를 넘어서면 행복감이 더는 상승하지 않는다.

억만장자가 상상키 어려운 돈을 계속해서 벌고 있는데도 전혀 행복해하지 않는다. 1974년 미국의 경제학자 리처드 이스털린(Richard Easterlin) 교수는 소득이 어느 정도 높아지면 행복도도 높아지지만, 일정 시점을 지나면 소득이 증가해도 행복이 정체된다는 이론을 발표했다. 그 증거로 부유한 국가인 미국이나 프랑스보다 바누아투나 방글라데시 같은 가난한 국가에서 행복지수가 더 높게 나타난다는 결과를 제시했다. 소위 이스털린의 역설(Easterlin paradox)이다. 이를 설명하기 위해 사회학자들은 욕구모델(desire model)을 제시했다. 그들은 '얼마나 절실히 필요한가?'가 만족도와 행복도를 높이는 요인이라고 설명했다. 밥 한 끼 먹는 것이 전부인 거지들은 밥 한 그릇 사 먹을 정도의 돈만 있어도 행복감이 폭증한다. 그러나 풍족한 사람들은 돈을 아무리 많이 벌어도 행복감이 거지처럼 그리 높게 나타나지 않는다는 논리이다.

행복은 행복해지기 위한 조건과 인간의 욕구를 곱한 값이며, 거기에 가치관이라는 요소가 가점(plus) 또는 감점(minus)으로 작용한다. 그러나 행복을 이처럼 수치화하는 것은 바람직하지 못하다. 행복의 조건들은 다양한 곳에서 다양한 형태로 발견되기 때문이다.

# 03
# 행복의 정의는?

## 소크라테스 : 선한 것을 실천하면 행복하다.

스파르타를 중심으로 한 펠로폰네소스 동맹과 아테네가 주축이 된 델로스 동맹 사이에 지속된 27년간의 지루한 싸움이 기원전 404년 스파르타의 승리로 막을 내렸다. 패배의 충격 속에서 허덕이던 아테네 시민은 정신적 공황을 겪으며 그리스 문명의 스승인 소크라테스(Socrates, BC 470～399)를 죽음으로 몰아넣었다. 기원전 399년 아테네 시민은 소크라테스의 문답법(질문과 깨우침)에 싫증을 느끼고 소크라테스가 국가가 인정하는 신을 믿지 않고 젊은이들을 부패시켰다는 죄목으로 재판에 넘겨 사형을 선고한다. 죽음을 목전에 두고도 시민을 일깨우겠다는 자신의 철학적 소신을 굽히지 않은 채 당당하게 죽음을 받아들인 소크라테스는 '우리가 무엇이 선(善)한 것인지를 안다면 행복한 삶을 살 수 있다.'는 공식을 탄생시킨 장본인이었다. 그가 말한 바로는 행복은 선하고 아름다운 삶을 누리는 것이다. 그는 선한 것이 무엇인지 알았을 때 비로소 바르게 실천한다고 생각하여 앎(知)과 행함(實踐)을 중시하였다. 그러므로 그의 제자 플라톤도 '양심에 따라 사는 사람이 행복할 수 있다.'며, 소위 철인(哲人)이라 부르는 학식이 높고 양심에 따라 사는 사람이 통치자가 되는 철인사회를 꿈꿨던 것이다. 소크라테스의 앎과 행함은 행복학이 추구하는 긍정적인 선한 생각과 이를 습관으로 정착시키는 노력과 일맥상통한다.

소크라테스에 대한 일화를 예로 들어보자. 젊은 시절 소크라테스는 친구들과 더불어 비좁은 단칸방에 거주하고 있었다. 그때 한 사람이 물었다. "좁디좁은 방에 여러 명이 함께 거주하면 불편할 텐데요?" 소크라테스는 "친구들과 서로 경험과 지식을 나누며 돕고 사니 얼마나 행복한 일인가요."라고 대답했다. 그 뒤 친구들이 결혼하느라 하나둘 떠나가 혼자 방을 독차지하게 되었다. 그때 그 사람이 또다시 질문했다. "여럿이 살 때 행복하다 했으니 이제 모두 떠나가 홀로 남아 외로워서 싫겠네요?" 소크라테스는 "지금은 이곳의 모든 책을 남의 눈치 보지 않고 내 마음대로 볼 수 있기 때문에 많은 스승을 내가 독차지한 셈이 되었으니 이 또한 행복한 일이지요."라고 대답했다. 드디어 소크라테스가 결혼하여 건물의 제일 아래층에 살게 되었다. 그때 한 친구가 "1층에 살면 위층에서 오물을 던져 쥐가 들끓어 살기 어려울 텐데요?"라는 말을 했다. 소크라테스는 "1층에 살기 때문에 각종 채소도 직접 키울 수 있고 힘든 계단을 오르지 않아도 되니 이 또한 행복한 일입니다."라는 대답을 했다. 그 후 소크라테스는 건물의 위층으로 거처를 옮기게 된다. 이번에도 역시 소크라테스는 긍정적인 답변을 했다. "높은 곳에 있으니 조용할뿐더러 저 멀리 아름다운 경치도 감상할 수 있어요. 그리고 계단을 오르내리다 보면 건강이 좋아지니 행복할 따름입니다."

행복은 주변 환경에 속한 것이 아니라 자신의 마음속에 존재한다는 것을 단적으로 표현한 예이다. 그래서 악처로 소문난 그의 아내 크산티페의 바가지 긁는 소리에도 개의치 않고 여유롭고 한가한 삶을 누릴 수 있었을 것이다. 그는 '너 자신을 알라'는 말에 담긴 지식 탐구, 지식을 알기에 결코 자신의 소신을 굽힐 수 없다는 실천력 등 이러한 명제를 자신의 철학적 소신에 담고 있었다. 이러한 이유로 자신의 죽음을 담담하게 받아들인 것으로 보인다. 아무도 없는 고독 속에서 외롭게 죽어간 사람에 비해, 비록 독배를 마셨지만 친구들에게 둘러싸여 죽음을 맞이한 소크라테스는 어찌 보면 행복한 죽음을 맞이했다고 할 수 있지 않을까?

## 플라톤 : 부족한 듯 만족하면 행복하다.

고대 그리스 철학자 플라톤(Platon, BC 427~347)은 그의 저서 『국가론』에서 '행복이란 자기의 본성과 내면에 있는 소질 및 적성에 맞는 직업을 찾아 일할 때 나온다.'고 지적하며, '남을 행복하게 해 줄 수 있는 사람이 행복을 느낄 줄 안다.'고 말했다. 또한 덕(德, 어진 행동)이 행복의 필요조건일 뿐만 아니라 충분조건이기도 하다며, 덕을 실천하기 위해 내적·외적 도구가 모두 필요하다는 견해를 보였다. 이러한 이론은 소크라테스의 선(善) 공식을 좀 더 세련되게 발전시킨 것으로 보인다.

플라톤이 2천 4백여 년 전 '행복의 5가지 조건'을 얘기했다. 그중 첫째는 먹고 입고 살고 싶은 수준에서 조금 부족한 듯한 재산(財産)을 가지면 행복하고, 둘째는 모든 사람이 칭찬하기에 약간 부족한 용모(容貌)를 가졌으면 행복하며, 셋째는 사람들이 절반 정도밖에 알아주지 않는 명예(名譽)가 있으면 행복하며, 넷째 세 사람과 겨룰 때 한 사람을 이기고 두 사람에게 질 정도의 체력(體力)이면 행복하며, 다섯째는 청중이 연설을 듣고 절반밖에 손뼉을 치지 않을 정도의 언변(言辯)이면 행복하다는 것이다. 플라톤이 말한 행복의 5가지 조건은 무슨 일을 하든 항상 부족한 듯한 기준선에 스스로 만족해한다면 행복이 찾아온다는 뜻이다.

플라톤은 마음이 현실을 창조하기 때문에 마음을 바꿈으로써 현실을 바꿀 수 있다고 믿었다. 그는 마음을 행복하게 할 수 있는 자만이 행복을 얻을 수 있다고 지적했으며, 긍정적 마음이 열악한 환경을 지배할 수 있다고 보았다. 그래서 모든 부분에서 최대의 만족을 추구하기보다는 약간 부족한 선에서 스스로 만족스러워 한다면 생(生)이 행복할 것이라고 지적하였다.

### 아리스토텔레스 : 실천하는 과정에 행복이 있다.

아리스토텔레스(Aristoteles, BC 384~322)는 『니코마코스 윤리학』에서 '행복은 인간의 고유한 기능이 덕에 따라 탁월하게 발휘되는 영혼의 활동이다.'라고 정의했다. 인간은 자신이 맡은 업무를 충실히 이행하여 즐거움을 찾을 때, 그리고 업무분야 내 인간관계에서 소속감을 느끼게 될 때 행복을 누릴 수 있다는 것이다. 업무분야, 즉 직장 내 인간관계에서 피해야 할 도덕적 성품으로는 악덕, 자제력 부재, 짐승 같은 상태 등 세 가지라고 설명하였다. 그리고 업무와 인간관계를 잘하려면 중용(中庸)의 가치를 실천해야 한다고 부연했다. 이러한 중용의 가치를 실현하기 위해 자아실현과 중용의 마음상태 등 일련의 과정을 거쳐야 한다고 얘기함으로써 '행복은 소유한 결과가 아니라 실천하는 과정에 있다.'는 것을 의미했다.

또한 아리스토텔레스는 '존재하는 모든 것은 어떤 목적을 가졌는데 인간의 최종적인 목적은 행복이다.'고 강조하였다. 이것은 인간이 무엇인가를 완성했을 때 느끼는 정신적 상태가 행복이라는 것을 암시한다. 그리고 행복하기 위해서는 덕(德)을 쌓아야 하며 이성적인 덕을 실천할 때 행복을 누릴 수 있다고 보았다. 그리고 덕은 한순간에 이루어지지 않기 때문에 지속적인 습관을 통해 몸에 흡수되도록 해야 한다고 했다. 그는 스승인 플라톤의 덕 이론을 계승, 사람의 행복을 판단할 때는 그의 전반적인 생애에 걸쳐 도덕적인 삶을 살았는지를 중시해야 한다고 했다. 한 개인이 남의 행복을 짓밟는 부도덕한 행위를 통해 자신의 행복을 달성했다면 행복으로 볼 수 없다는 것이다. 팔라리스의 청동황소의 예를 살펴보면 아리스토텔레스가 도덕성을 중시하는 이유를 알 수 있다. 개인의 행복도 도덕적 생활을 통해서 이뤄진다는 것을 강조함으로써 개인윤리와 사회윤리를 결부시킨 셈이다.

그는 덕과 지적인 교육 등을 망라한 영혼의 선, 건강과 아름다움 등과 같은 신체적 선, 그리고 가문과 평판 등 외적인 선이 있다고 보았으며, 이러한 세 가지 선(善)이 행복에 이바지한다고 믿었다. 이러한 세 가지 선을 현대의 행복학에 접목해 본다면, 영혼의 선은 '긍정적 생각'으로 볼 수 있고, 신체적 선은 '마음과 신체의 건강'일 것이며, 외적인 선은 '도덕성과 실천성'으로 연관지을 수 있을 것이다.

## 쾌락이 행복이다?

쾌락에는 육체적 쾌락과 정신적 쾌락이 있다. 고대 그리스의 키레네 학파는 순간의 육체적 쾌락을 중시했지만, 에피쿠로스 학파는 육체적 쾌락과 더불어 정신적 쾌락도 중요시했다. 키레네 학파는 대부분의 쾌락은 나중에 불쾌함을 가져오기 때문에 육체적 쾌락을 잘 선택해야 한다고 주장했다. 반면, 에피쿠로스 학파는 간소한 생활 속에서 영혼의 평화를 찾는 데 중점을 두었다. 19세기 중반 영국에서 탄생한 공리주의(功利主義, utilitarianism)도 육체적 쾌락과 정신적 쾌락을 모두 중요시했다.

에피쿠로스(Epicouros, BC 341~270)는 펠로폰네소스 전쟁에서 아테네가 스파르타에 패한 이후 우울한 시대적 상황인 정신적·신체적 무력감을 타개하기 위해 쾌락주의를 주창하였다. 그는 쾌락이 행복을 가져다준다고 믿었다. 그런데 쾌락을 가져다주는 수단이 고통을 가져다줄 수도 있다고 생각했다. 그는 쾌락을 누리기 위해서는 아름답고 정직하게 살아야 한다며, 아름답고 정직하게 살기 위한 척도로 자연의 정의를 내세웠다. 자연의 정의란 당시 제우스와 같은 신들이 천재지변을 좌우한다고 믿었던 두려움을 떨쳐내고 자연현상을 올바로 아는 것이었다. 그때에는 천재지변이 상당한 두려움의 상징이었던 것 같다. 그는 자연의 법칙이 아닌 사건들, 헛된 생각에 따라 생겨난 욕망, 필연적으로 발생하지 않아도 되는 것들을 스스로 몰아낼 수 있어야 참된 쾌락을 얻는다는 논리를 펼쳤다. 사람들이 서로 해치지 않고 서로 지켜주려는 상호 이득의 범위 내에서 개인의 쾌락을 마음껏 추구해도 된다는 생각이었다. 또한, 쾌락에도 질적 차이가 있음을 인정했다. 술, 마약, 섹스와 같은 수단을 통한 육체적 쾌락이 있지만, 불행 속에서도 행복을 찾는 정신적 쾌락도 있음을 인정한 것이다. 육체적 쾌락은 강렬하지만 지속도가 길지 않고, 정신적 쾌락은 강력하지 않은 대신 행복의 지속도가 비교적 길다는 점을 깨우친 것이리라.

19세기 중반 새롭게 대두된 공리주의는 벤담(Jeremy Bentham, 1748~1832)과 밀(John Stuart Mill, 1806~1873)에 의해 대변된다. 공리주의(功利主義, utilitarianism)는 말 그대로 '어떠한 행위가 인간의 이익과 행복을 증진하는데 얼마나 공로(功勞)와 이익(利益)이 있는가?'를 따지는 것이다. 즉, 얼마나 유용성(공리성, utility)이 있는가를 본다. 공리주의는 인간이 고통을 피하고 쾌락을 추구하려는 본성을 갖고 있다고 보았다. 그래서 인간의 쾌락(행복)에 이바지하는 행위는 선(善)하지만, 고통과 불행을 불러들이는 행위는 악(惡)이라는 것이다. 벤담은 쾌락의 질적 차이를 인정하지 않고 '고통을 피하고 쾌락을 추구하려는 인간의 본능대로 행동하는 것이 개인은 물론 개인들의 집합체인 사회에도 최대의 행복을 가져다준다.'고 믿었다. 개인적 공리주의를 사회적 공리주의로 확대해석한 것이다. 그래서 사회의 행복을 최대로 늘리려면 되도록 많은 개개의 사람들이 쾌락을 추구해야 한다는 결론에 도달한다. 그래서 공리주의의 목표는 최대 다수의 최대 행복(the greatest happiness of the greatest number)이 된다. 밀은 벤담이 주장한 쾌락의 질적 차이 불인정론을 일부 수정하여 '인간은 동물적인 본성 이상의 능력을 갖추고 있으며, 그때문에 질적으로 높고 고상한 쾌락을 추구한다.'는 태도를 보임으로써 쾌락의 질적 차이를 인정했다.

한편, 이성이 욕구를 지배하고 제어한다는 사상을 가졌던 칸트(Immanuel Kant, 1724~1804)는 '무엇을 행복으로 볼 것인가?' 라는 의구심을 표출했다. 사람들은 각자 생각하는 바가 다르고 가치관도 달라 어떠한 상태를 행복한 상태로 판단해야 할지 알 수 없으므로 행복의 개념을 보편화하는 것이 매우 어려운 일이라고 지적했다. 그러나 '할 일이 있고, 사랑하는 사람이 있고, 희망이 있다면 행복할 수 있을 것'이라는 견해는 보였다. 대충, 이 정도면 행복하지 않을까?

## 행복은 훈련이자 습관이다.

미국 하버드 대학 탈 벤 샤하르(Tal Ben Shahar) 교수 등 많은 학자들은 행복은 긍정적 마음과 건전한 신체를 유지하는 방법들을 반복적으로 행동에 옮김으로써 습관으로 만들어야 한다고 주장하고 있다. 행복은 실천을 통해 얻어질 수 있다. 행복해지기 위한 방법들을 반복적으로 지속한다면 그만큼 행복은 오래도록 주위를 맴돌 것이다. 이 책명이 행복실천론인 이유가 바로 그 때문이다.

행복은 훈련이다. 행복해야 할 일들을 늘 되새김질하는 훈련, 사소한 것에 감사하고 만족해하는 훈련, 집착에서 벗어나 진정한 행복을 찾기 위해 마음을 비우는 훈련, 참된 행복을 성취하기 위해 긍정적인 마음을 갖는 훈련, 건강을 유지하기 위해 지속적으로 운동하는 훈련 등등. 훈련(training)을 통해 몸에 배면 습관(habit)이 되고, 습관은 성격(character)을 형성하게 되며, 성격은 곧 인성(personality)으로 자리 잡는다. 좋은 인성을 갖는다는 것은 그만큼 행복에 가까이 다가간다는 의미다. 행복은 거저 얻어지는 것이 아니다. 행복해지기 위해서는 행복해지는 구성요소들을 끊임없이 훈련으로 습득해야 한다.

# 04
# 행복한 상태는?

## 감사드리는 고요한 마음이다.

아침 일찍 차가운 공기를 온전히 얼굴로 맞으며 걷고 있다. 새벽 기운이 온몸을 감싸 안았다. 세상은 아직 깊은 잠에 빠져 있다. 아무도 없는 적막한 고요함이란 표현하기 어렵다. 갑자기 마음이 편안해지며 무념무상의 고요 속으로 빠져들기 시작했다. 그리고 이 땅을 나만이 걷고 있는 데 대해 신께 감사드렸다. 나 홀로 걸을 수 있다는 만족감이 얼굴에 넘쳐흘렀다. 저만치 앞서 가고 있는 순례자가 시야에 나타나자 그렇게 고마울 수가 없었다. 살짝 지나치며 웃는 얼굴로 인사하자 내 마음에 무엇인지 모를 감사한 느낌이 슬그머니 고개를 들이밀었다. 마냥 이렇게 고요했으면 좋겠다. 머릿속에서 '행복하다!'는 생각을 지울 수 없다. 그때였다. 뒤에서 정적을 깨는 소리가 요란하게 울렸다. 자전거 순례자들이 '따르릉 따르릉' 소리로 나를 길가로 몰아냈다. 습관적으로 길옆에 멈춰 서서 자전거가 지나가기를 기다려주는 나는 어쩌면 바보인지 모른다. 자전거 순례자들은 좁은 순례길을 따라갈 것이 아니라 제발 넓은 도로를 이용했으면 좋으련만…. 마음의 고요는 그렇게 깨져 버렸다.

—〈마음의 평화를 찾아 떠나다, 산티아고 순례길〉 중에서

최소한 나는 산티아고 순례길을 걸으면서 적막감이 내 몸을 감싸 안을 때 평화를 느꼈다. 그리고 신께 감사드렸다. 주변의 적막감은 정신적 고요함을 불러왔고, 그때 모든 것에 감사하는 생각을 가졌다. 고요함이 일깨워준 감사함, 그것이 행복이 아니고 무엇이겠는가.

## 영감과 경외심을 느끼는 마음이다.

코카서스 산맥에는 해발 4,000미터가 넘는 산들이 즐비하다. 그 중에서 이곳 카즈베기 산은 해발 5,047미터로 코카서스에서 3번째로 높은 산에 속한다. 카즈베기 산은 인간에게 불을 가져다준 형벌로 프로메테우스(Prometheus)가 독수리에게 영원히 간을 쪼이고 있다는 그리스 신화가 깃든 곳이다. 저 멀리 교회 뒤로 아련히 보이는 설산이 위용을 자랑한다. 저곳에 프로메테우스가 쇠사슬에 묶여 힘든 세월을 보냈을 것이다. 기원전 그리스·로마인들은 신화를 종교로 신봉했다. 그러나 프로메테우스에 대한 신앙도 예수 그리스도(Jesus Christ)의 등장으로 한낱 사소한 이야깃거리로 전락해 버렸다. 이제는 누구도 신화를 믿지 않는다, 그저 재미있는 상징적 내용으로 받

아들일 뿐. 그만큼 예수 그리스도의 탄생은 위대했다. 14세기경 예수 그리스도의 성전(聖殿)이 카즈베기 언덕에 세워졌다. 마을에서 이곳 성전까지는 까마득히 먼 길이다. 그럼에도 언덕 위 성전을 향해 걷고 또 걸어왔을 게르게티 마을 사람들의 신앙심에 저절로 숙연해진다.

성당 귀퉁이의 전망대 아닌 전망대에 올라섰다. 코카서스 산맥의 웅장한 전경이 한눈에 들어온다. 이제까지 보지 못했던 대자연의 파노라마가 눈앞에 펼쳐진다. 유럽과 아시아의 경계선 코카서스 산맥! 그곳의 카즈베기 언덕에 올라서면 비록 신앙인이 아닐지라도 엄숙한 옛 교회 건물과 어우러진 장엄한 대자연의 풍광에 겸손한 순례자가 된다. 그리고 초라하기 그지없는 인간은 코카서스 만년설 아래 신비한 모습을 완전히 드러낸 하느님의 성전이 자리 잡고 있음에 저절로 경외심을 느끼게 된다.

―〈나의 코카서스 3국 순례기〉 중에서

높디높은 코카서스 산맥의 한 언덕에 우뚝 솟아 있는 하느님의 성전을 보고 너무도 장엄한 모습에 영감(inspiration)이 느껴졌다. 그 뒤로 병풍처럼 둘러쳐진 산들은 인간의 경외심을 자아내게 하기에 충분했다. 그런 곳에 인간이 어떻게 하느님의 성전을 건축할 수 있었을까? 나를 뛰어넘는 거대한 자연의 힘에 경외감을 느꼈다. 그리고 영감을 불어넣어 주는 가슴 떨리는 풍경 앞에 무릎 꿇고 두 손 모았다. 과거에 전혀 맛보지 못했던 느낌들을 경험하고 있는 나는 한없이 행복했다. 그곳에 있는 동안 내내 행복한 상태가 마음에 머물고 있었다. 내 영혼을 어리둥절하게 만들 정도의 웅대함이 여행 내내 지속되었다.

### 희망이 머무는 마음이다.

2016년 초 이대호 선수가 일본 프로야구 잔류 대신 미국 메이저리그 도전을 선언했다. 소속팀 일본 소프트뱅크는 이대호 선수를 잔류시키기 위해 3년간 약 194억 원이라는 거액을 제시했다. 하지만 이대호 선수는 30대 중반의 나이에도 미 시애틀과 마이너리그 계약을 체결했다. 그는 어린 선수들과의 치열한 경쟁을 이겨내고 불과 몇 달 만에 어엿한 메이저리거로 자리 잡았다. 희망을 품고 도전하는 동안 그는 꾸준히 작은 행복을 맛보았을 것이다.

한 여성이 생후 18개월 때 연탄불에 거꾸로 떨어져 얼굴 전체에 3도 이상의 화상을 입었다. 어릴 적 친구들은 그녀를 '벌레, 파충류' 등으로 부르며 놀려댔다. 그녀는 자신이 필요 없는 존재라고 생각하고 자살을 결심했다. 그때 어른이 되면 성형수술로 본래의 아름다움을 찾을 수 있을 것이라는 얘기를 듣는다. 그녀는 성형수술을 할 수 있는 날을 학수고대하며 희망의 끈을 움켜쥐었다. 최소한 성형수술을 해 볼 때까지는 자살할 수 없었다.

남들과 같은 평범한 얼굴을 갖게 될 수 있다는 희망에 젖어 그녀는 수술실로 들어갔다. 하지만 수술로도 얼굴을 완벽하게 재현할 수 없었다. 오히려 수술이 실패하여 더욱 흉측한 얼굴로 변했다. 21살 꽃다운 나이에 숙명여대에 입학한 그녀는 주위의 친구들과 다른 자신을 바라보며 수백 번 자살을 생각했다. 결국, 수면제 100알을 입에 털어 넣었다. 동생이 발견하여 가까스로 목숨을 건진 그녀에게 엄마는 "네가 죽으면 엄마도 죽는다."라고 말했다. 그때부터 그녀는 임마를 위해 목숨을 버리지 않기로 했다. 임마에게 좋은 옷 입혀주고 맛있는 음식 먹게 하겠다는 희망을 품고 살아갔다. 그러던 그녀에게 또다시 불행이 닥쳐왔다. 그토록 믿고 의지하던 엄마가 교통사고로 돌아가신 것이다. 그녀는 다시 절망에 빠졌다. 그러나 엄마의 유언대로 기독교 신자가 되어 세상으로 발걸음을 내디뎠다. 현재 그녀는 6살 연하의 남편과 결혼하여 아들과 딸을 둔 엄마로서 사업가로서 새로운 인생을 살아가고 있다. 아파트 인테리어 전문업체 '예인건축연구소' 대표 이효진(45세) 씨의 이야기다. 그녀는 어둠 속에서도 결코 희망의 등불을 포기하지 않았다고 한다. 그 희망이 오늘의 행복을 가져다주었다.

아무리 불행할지라도 희망의 끈을 놓지 않는다면 마음속에는 생동감이 살아 꿈틀거린다. 행복이란 희망을 찾아가는 여정에 있다. 실제로 희망을 달성하면 그 기쁨은 오래가지 못한다. 그러나 무엇인가를 끊임없이 생각하고 추구하는 과정에서 소소한 기쁨을 맛보고 보람을 느낀다면 바로 그곳에 진정한 행복이 있는 것이다. 희망을 품고 있는 한 행복은 주위에 머문다. 그래서 행복은 희망을 마음속에 품고 있는 상태다.

### 유쾌함과 자부심이 깃들어 있는 마음이다.

마음이 울적하면 결코 유쾌한 마음상태가 되지 못한다. 그러나 유쾌함과 폭소를 자아내는 마음 상태로 전환되면 울적한 마음이 이내 사라져 버린다. 웃음은 우울증을 치료하는 효과가 있다. 특히 웃음으로 유쾌한 마음을 갖는 데는 돈을 들일 필요가 없다는 장점이 있다. 기쁨과 만면에 웃음을 띠는 유쾌한 상태를 지속하면 행복한 상태로 빠져든다.

지난 2016년 4월 6일 자 서울경제에 색다른 기사가 있었다. 『라디오 스타 나비, 가슴 사이즈 자부심 "큰 가슴, 자신 있게 자연산… 600만 원 번 것…"』이라는 제목이었다. 나비는 과거 진행된 남성지 맥심과의 인터뷰에서 자신의 신체 사이즈에 대한 자신감을 드러냈다. 당시 나비는 자신의 가슴에 대해 "자신 있게 자연산이라고 말할 수 있다."고 말했다. 나비는 이어 "큰 가슴이 콤플렉스인 적도 있었지만, 지금은 여성이 가질 수 있는 굉장한 장점이라고 생각한다. 게다가 돈 안 들이고 큰 가슴을 가졌으니

까 600만 원을 번 것이나 다름없는 거 아니냐?"라고 당당하게 밝혀 눈길을 끌었다.2)

이 여성은 자신의 신체 일부분에서 자부심을 품고 당당한 견해를 표명했다. 자부심은 자기 자신의 만족이다. 그녀는 유쾌한 마음으로 자부심을 느끼고 있는 한, 누구보다 행복할 것이다. 가수 솔비도 다른 언론매체를 통해 가수가 아닌 화가로서 봉사하는 것에 자부심을 표명했다. 자부심을 느낀다는 것은 그만큼 만족한다는 뜻이고, 그 만족감은 곧 행복한 상태로 연결된다. 이제부터라도 아주 작은 것에 만족하고 조그마한 성취감에 자부심을 품는다면 행복은 가까이, 아주 가까이에 있을 것이다.

## 마음에 관심이 머무르는 상태다.

"내 안에 너 있다."

지난 2004년 수많은 여자의 마음을 설레게 했던 드라마 '파리의 연인'에서 배우 이동건이 김정은에게 던졌던 말이다. 그 남자의 마음속에 어떤 여자가 있는지는 모르지만, 어찌 됐든 누군가에게 관심을 두고 자신의 마음에 그녀를 품고 있으면 행복한 상태라고 말할 수 있다. 그 관심을 지속하는 한 그는 그녀의 한마

---

2) http://www.sedaily.com/NewsView/1KUXLWC4KQ

디 한마디에 울고 웃는다. 물론 상대도 그를 마음에 두고 있다면 그야말로 금상첨화(錦上添花)이겠지만 누군가를 마음에 둔다는 것, 생각만 해도 행복하지 않은가.

일도 마찬가지다. 내가 관심을 기울이는 프로젝트(project)를 추진하면 너무도 시간이 빨리 지나가 버린다. '늦게 배운 도둑질 시간 가는 줄 모른다.'는 말도 도둑질이라는 프로젝트만 바꾼다면 좋은 말이 된다. 그만큼 관심을 두고 있다는 뜻이기 때문이다. 나의 관심은 주로 여행에 치우쳐 있다. 올해 가을 캐나다 단풍여행을 갔을 때 일이다. 나이아가라 폭포와 퀘벡시를 이어주는 800km의 단풍길 메이플로드(Maple Road)를 버스가 달려갔다. 울긋불긋 최고 절정에 이른 나무가 자작나무, 미루나무와 합세해 세상에서 가장 아름다운 빛깔을 뽐내고 있었다. 마치 동화 속 숲길을 지나가고 있다는 착각에 빠져 있을 즈음, 벌써 메이플로드는 끝이 났다. 이틀 정도 달렸던 길이 마치 단 두 시간 만에 끝이 난 것처럼 아쉽고 또 아쉬웠다. 관심이 마음속에 머무르고 있을 때 행복한 상태를 지속한다는 말이 실감 났다.

관광하면서 내내 내 마음을 괴롭히는 것이 있었다. '이곳에 사랑하는 가족이 함께 있었더라면' 하는 생각이었다. 아름다운 캐나다 단풍관광에서 아무런 감흥이 나지 않거나 관심 있는 사람이 떠오르지 않았다면 그 사람은 진정 외로움에 가득 찬 사람일 것이다. 나에게 관심 또는 꿈이 있다는 것은 그만큼 행복하다는 것이다.

## 사랑이 머무르는 마음상태다.

내가 인간의 여러 언어와 천사의 언어로 말한다 하여도 나에게 사랑이 없으면 나는 요란한 징이나 소란한 꽹과리에 지나지 않습니다. 내가 예언하는 능력이 있고 모든 신비와 모든 지식을 깨닫고 산을 옮길 수 있는 큰 믿음이 있다 하여도 나에게 사랑이 없으면 나는 아무것도 아닙니다. 내가 모든 재산을 나누어 주고 내 몸까지 자랑스레 넘겨준다 하여도 나에게 사랑이 없으면 나에게는 아무 소용이 없습니다. 사랑은 참고 기다립니다. 사랑은 친절합니다. 사랑은 시기하지 않고 뽐내지 않으며 교만하지 않습니다. 사랑은 무례하지 않고 자기 이익을 추구하지 않으며 성을 내지 않고 앙심을 품지 않습니다. 사랑은 불의에 기뻐하지 않고 진실을 두고 함께 기뻐합니다. 사랑은 모든 것을 덮어 주고 모든 것을 믿으며 모든 것을 바라고 모든 것을 견디어 냅니다. 사랑은 언제까지나 스러지지 않습니다. 예언도 없어지고 신령한 언어도 그치고 지식도 없어집니다. 우리는 부분적으로 알고 부분적으로 예언합니다. 그러나 온전한 것이 오면 부분적인 것은 없어집니다. 내가 아이였을 때에는 아이처럼 말하고 아이처럼 생각하고 아이처럼 헤아렸습니다. 그러나 어른이 되어서는 아이적의 것들을 그만두었습니다. 우리가 지금은 거울에 비친 모습처럼 어렴풋이 보지만 그때에는 얼굴과 얼굴을 마주 볼 것입니다. 내가 지금은 부분적으로 알지만, 그때에는 하느님께서 나를 온전히 아시듯 나도 온전히 알게 될 것입니다. 그러므로 이제 믿음과 희망과 사랑 이 세 가지는 계속됩니다. 그 가운데에서 으뜸은 사랑입니다.

—〈코린토전서〉 13장, 1~13절

러시아의 대작가 톨스토이(Leo Tolstoy, 1828~1910)는 '인생에서 가장 중요한 시기는?', '인생에서 가장 중요한 사람은?', '인생에서 가장 중요한 일은 무엇인가?' 하는 세 가지 질문을 가슴에 품고 살았다고 한다. 톨스토이는 톨스토이 단편선 2(인디북 刊)에 실린 그의 작품 『세 가지 질문』에 그 답을 남겼다. 가장 중요한 때는 바로 '지금'이고, 가장 중요한 사람은 '지금 내가 만나고 있는 사람'이며, 가장 중요한 일은 '지금 만나는 사람에게 사랑을 베푸는 일'이라는 것이다.

먼 훗날의 행복을 위해 현재를 희생하지 말아야 하며, 그때그때 맞닥뜨리는 현재의 일들에 최선을 다하면서 남을 위해 배려하는 삶을 산다면, 그 사람의 마음은 사랑이 가득한 행복함에 젖어들 것이다. 사랑은 믿음, 희망을 포함하고 마음속에 영감을 느끼며 사랑의 감정을 이끌어내는 모든 마음상태를 일컫는다. 이 마음상태가 곧 행복한 상태다.

## 행복 호르몬이 행복한 상태를 만든다.

우리 인간은 원시사회 숱한 동물들의 습격에 시달려야 했다. 그래서 위험을 감지하면 불안의 호르몬인 코르티솔(cortisol)이 분비되어 빨리 도망가도록 신체기능을 흥분시킨다. 그러나 인간의 근육에는 한계가 있었다. 어느 정도 도망치다 보면 근육에 통증이 오게 된다. 그 통증을 완화해줘야 더 멀리, 더 빠르게 달릴 수 있다. 통증을 완화해 주는 호르몬이 그때 분비된다. 그 호르몬이 바로 모르핀 같은 진통성분이 포함된 엔도르핀(endorphin)이다. 쾌락으로 육체적 고통을 가리게 하는 것이다.

그런데 도망치다 보면 어느 순간 맹수가 따라오지 않는다는 사실을 깨닫고 달리기를 중단하며 안도의 한숨을 쉬게 된다. 목표에 도달했다는 만족감을 느낄 때 발전의 화학물질인 도파민(dopaminc)이 분비된다. 도파민 때문에 목표를 실정할 때 단세별로 나눠 설정하는 것이 좋다. 목표를 달성할 때마다 만족감을 느끼고 더 높은 단계로 매진할 수 있게 하기 때문에 도파민은 발전의 호르몬으로 불린다. 엔도르핀과 도파민은 자기중심적, 자기만족적인 경향이 농후하기 때문에 이기적 호르몬(egotistic hormone)으로 여겨진다.

드디어 목표를 달성한 사람들은 어느덧 주변 사람들로부터 존경을 받게 되고, 그로 인해 집단에 헌신하게 된다. 주변 사람들의 존경과 인정으로 지위가 상승하게 된 사람들은 자신이 조직에 헌신할 인센티브가 그만큼 높아져 지도자로서 활동하게 된다. 지도자로서 리더십을 충분히 발휘할 때 분비되는 호르몬이 세로토닌(serotonin)이다. 그래서 세로토닌을 리더십의 화학물질이라 부르기도 한다.

그런데 사람들은 지도자로서의 길을 걷는 것보다 더 중요한 무엇인가가 있다. 우정과 사랑, 깊은 신뢰와 충성심의 기반 위에서 기분 좋게 장기적인 안정감을 느끼는 것이 바로 그것이다. 이제 모두가 서로 신뢰하고 우정을 쌓아가며 사랑의 안정감을 찾게 되었다. 이때 분비되는 화학물질이 옥시토신(oxytocin)이다. 세로토닌과 옥시토신은 자신이 아니라 타인을 위해 봉사하고 희생하기 때문에 이타적 호르몬(altruistic hormone)이라 부른다.

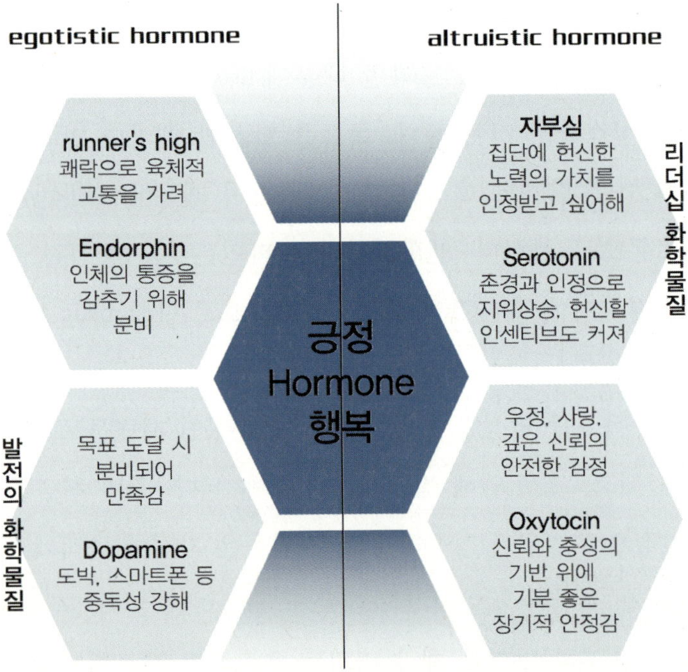


그림 1–2 _ 행복 호르몬

# | 제2장 |

# 행복의 전제조건, 갈등관리

## 01
# 갈등의 특성은?

### 갈등은 적대적 상호작용이다.

갈등이란 영어단어 컨플릭트(conflict)는 라틴어 콘플리게레(confligere)에 어원을 두고 있다. 콘(con)은 '서로' 또는 '함께'라는 뜻이며, 플리게레(fligere)는 '충돌' 또는 '다툼'이라는 의미를 내포하고 있다. 이 둘을 합친다면 '함께 하면서 계속 충돌한다.'는 뜻이 된다.

동양에서 갈등(葛藤)의 어원은 어떠한가? 칡 갈(葛) 자와 덩굴 등(藤) 자로 이뤄진 갈등이라는 단어는 칡덩굴이라는 의미로 사용된다. 葛藤(갈등)에서의 藤(등) 자는 '등나무'가 아닌 '덩굴'의 뜻으로 쓰였다. 칡덩굴은 나무를 돌돌 말아 생장을 방해하여 종국에는 나무를 고사하게 만든다. 4세기 말 진(晋)나라의 고승 축

불념(竺佛念)이 『출요경(出曜經)』이란 한문 번역서에서 갈등을 최초로 기록했다. "애욕(愛慾)이 얽어매면 떨어져 나갈 수가 없게 된다. 중생 중에 애착의 그물에 떨어진 자는 반드시 정도(正道)가 무너져 궁극의 경지에 이르지 못한다…. 마치 갈등(葛藤, 칡덩굴)이 나무를 휘감아 종말에 이르러 두루 미치면 나무는 고사하게 되고 마니 애욕 또한 이와 같으니라." 지나친 애욕이 상대를 압박하여 파멸로 이끄는 것처럼 칡덩굴을 애욕에 견주어 설명한 것이다. 이제 갈등은 칡덩굴이라는 의미보다는 일이 복잡하게 뒤얽히거나 분쟁과 충돌을 의미하는 말로 종종 사용되며, 선택의 기로에서 망설이는 심리적 상태를 나타낼 때도 쓰인다.

갈등은 행동주체 사이의 적대적·대립적 상호작용을 말한다. 여기에는 심리적 대립감과 행동적 대립이 포함된다. 행동주체란 잠재적 또는 지금 대립하고 마찰하는 개인 간, 개인과 집단 간, 집단 간, 조직과 조직 간 등을 일컫는다.

## 갈등은 동 · 서양 시각차가 존재한다.

### –상황에 따라 전세 역전이 가능하다.

"부여 초기의 풍속에는 장마와 가뭄으로 사정이 순조롭지 않아 오곡이 제대로 익지 못할 때는 그 허물을 왕에게 물어 왕을 바꾸는 일도 있었고 왕을 죽이는 일도 있었다(舊夫餘俗 水旱不調 五穀不熟 輒歸咎於王 或言當易 或言當殺)."

이 글은 서진(西晉) 사람 진수가 지은 『삼국지(三國志)』 위서(魏書) 동이전(東夷傳)에 기록된 내용이다. 과거 동양에서는 천재지변과 같은 각종 재난으로 백성이 고난을 겪으면 이를 갈등으로 간주했다. 그리고 그 갈등을 제대로 해결하지 못한 왕을 폐하거나 심지어는 죽이기까지 하였다. 갈등을 제대로 관리하지 못한 책임을 물어서였다. 이처럼 동양적 시각에서는 갈등을 조정하는 사람은 힘 있는 자, 소위 최고 권력자였다.

동양에서는 최초 어떤 갈등이 발생하면 우선 덮어두자는 방식을 취한다. 일반적으로 갈등을 드러내어 진실규명을 하기보다는 조용히 수면 아래에 내려놓는 편이 좋다고 생각하기 때문이다. 참고 견뎌보라는 것이다. 그러니 내면에서 갈등은 항상 존재하고 있고, 어느 순간 상황이 변화되면 그 갈등이 다시 표면화되는 것이다. 그렇다면 갈등을 봉합하기 위해서는 어찌해야 하겠는가? 주로 힘 있는 사람들이 갈등을 중재한다. 중재자가 어떤 갈등에 대해 누가 옳은지 그른지 판단을 내리면 일단 그 갈등은 종료된 것처럼 보인다. 그러나 힘 있는 사람이 바뀌면 중재자라는 매개변수가 변경된 데 따라 다시 갈등이 수면 위로 올라오게 되고, 그러면 다른 중재자가 같은 갈등을 또다시 중재하는 방식이다. 동양적 사고방식으로는 소크라테스의 '악법도 법이다.'라는 전제를 인정하려하지 않는다. 언제든 상황만 바뀌면 갈등 양상을 송두리째 뒤집어엎을 수 있다는 판단에서다. 그리고 시간이 흘러 상황이 역전되면 과거의 갈등을 다시 꺼내 새로운 논쟁거리로 만드는 경향이 짙다. 과거를 손바닥 뒤집듯 부정하고 그때그때의 상황에 따라 해석을 달리하는 것이다. 우리나라의 역사인식이 정권 교체 시마다 바뀌는 것이 바로 그 이유라고 볼 수 있다.

대부분 갈등을 힘 있는 권력자가 중재해 왔던 전례에 따라, 대형 사건·사고가 발생하면 갈등 당사자들은 최고 책임자를 쳐다본다. 모든 갈등을 대통령이 해결하라는 것이다. 중간단계인 지자체장, 그 위로 각 부 장관 등이 있는데도 오로지 최고 책임자인 대통령을 외쳐대며 청와대가 개입하라는 태도를 취한다. 어찌됐든 동양적 시각에서는 최고 책임자를 찾아가는 것이 갈등을 해결하는 최고의 방법이다. 직장 생활에서도 마찬가지다. 직원들간에 또는 조직과 조직 사이에 갈등이 생길 때는 주로 상사(上司)인 간부가 갈등을 없애는 권한을 행사한다. 모두 윗선만 쳐다보기 때문에.

### —승자가 곧 정의다.

삶이 그대를 속일지라도 슬퍼하거나 노(怒)하지 말라
슬픔의 날을 참고 견디면 기쁨의 날이 오리니
마음은 미래에 살고 현재는 늘 슬픈 것
모든 것은 순간에 지나가고 지나간 것은 다시 그리워지나니…

—『삶이 그대를 속일지라도』, 푸시킨

「삶이 그대를 속일지라도」를 쓴 러시아 문학의 거장 알렉산드르 푸시킨(Aleksandr Pushkin)은 1831년 아름다운 여인 나탈리아 곤차로바와 결혼한다. 그로부터 6년 뒤 그의 아내 나탈리아가 망명한 프랑스인 근위대 장교 단테스와 불륜에 빠졌다는 소문을 접하고 심하게 갈등을 겪게 된다. 그러다 푸시킨은 진실을 규명하기 위해 근위대 장교에게 결투를 신청한다. 밤낮으로 사격연습을 해대는 근위대 장교가 글만 써대느라 총을 한 번도 잡아보지 않은 서생(書生)과 결투한다는 것은 보지 않아도 결과가 뻔했다. 드디어 결투의 날이 밝았다. 그리고 두 발의 총성이 울렸다. 푸시킨은 총상을 입고 시름시름 앓다가 1837년 1월 29일 사망한다. 그의 나이 37세였다. 그 뒤 빼어난 미모의 여인 나탈리아가 단테스와 불륜관계였는지 여부는 진실 여부와 관계없이 세인들의 관심에서 사라졌다. 푸시킨이 결투에서 졌으니 그가 틀렸다는 생각에서다.

"Nobody knows. God knows(아무도 모른다. 오로지 신만이 아신다)."

서양에서 갈등은 주로 결투를 통해 해결한다. 신께서 진실을 아시므로 진실이 승리하도록 도와줄 것이라는 인식에 근거해서다. 그래서 승자가 곧 정의(正義)이고 패자가 불의(不義)라는 인식이 저변에 깔렸다. 결투의 승자는 패자의 주장을 일축하는 것이다.

패자는 말이 없고 승자는 정당하다. 한쪽이 완전히 패배했으니 다시 일어설 수 없다. 이러한 결투가 서양에서 갈등을 해결하는 방법이다. 그래서 갈등이 일어나면 선례(先例)에 따라 강력하게 처벌해 버림으로써 같은 갈등이 재연되지 않도록 발본색원한다.

서양인들의 갈등에 대한 인식은 철저히 법과 원칙에 기반을 두고 있다. 결투라는 원칙, 그리고 결투 이외의 상황이 발생하면 법이라는 전제를 긍정하는 데서 해법을 찾는다. 소크라테스는 '철학을 포기하면 살려주겠다.'는 당시 법원의 제의에도 '악법도 법이기 때문'이라며 독배를 마셨다. 철학을 추구하는 자신의 의지가 제일 중요하기는 하지만, 법이 금하기 때문에 법에 따라 독배를 마신다는 전제 긍정의 원칙에서였다. 서로 간의 갈등에서 자신이 일단 패배한 것으로 간주하면 자신이 옳음에도 그 패배를 깨끗이 인정하는 것이다.

과거 갈등해소 방법은 동·서양 차이가 존재했었으나, 최근 들어서는 시각 차이가 줄어드는 추세이다. 서로의 장점을 찾아 올바르게 처리하려는 경향이 나타나고 있기 때문이다.

## 갈등은 역기능을 가져온다.

### -상대를 적으로 간주한다.

지난 2008년 한국 사회는 극심한 혼란에 빠져들었다. 미국산

소고기를 수입하면 우리나라 사람들이 모두 광우병에 걸려 죽을 지도 모른다는 소문 때문이었다. 일부 언론에서는 한국인이 광우병에 걸린 쇠고기를 먹으면 인간광우병에 걸릴 확률이 90%가 넘는다는 보도를 하기도 했다. 청계천과 서울시청 앞 광장은 연일 촛불시위가 개최되었다. 어느 주부는 수많은 군중이 운집한 사람들 속으로 유모차를 끌고 나와 자신의 아이가 광우병에 걸리는 것을 막아야 한다며 울먹였다. 또 어떤 사람은 미국산 쇠고기를 먹느니 청산가리를 먹겠다고 말하기도 했다. 그 당시 누구도 미국산 쇠고기에 대해 긍정적인 면을 얘기할 수 없었다. 쇠고기 수입 반대론자들은 자신들의 주장과 다른 얘기를 하는 사람을 아예 적으로 간주하여 타도대상으로 삼았기 때문이었다.

그러나 지금은 어떠한가? 당시 그토록 미국산 쇠고기 수입을 반대하던 사람들이 여유 있게 미국산 쇠고기를 식탁에 올리고 있지 않은가. 게다가 아직껏 인간광우병에 걸린 사례가 한 건도 없다. 또한, 미국산 쇠고기는 우리의 최대 쇠고기 수입국이던 호주산보다 가격이 거의 30% 이상(2015년 6월 기준) 비싼데도 수요가 급증하고 있어 수입 쇠고기 1위 자리를 다시 넘보고 있다. 이러한 사실은 무엇을 말해주는 것일까?

미국산 쇠고기 광우병 파동에서 보여줬듯이 상호 간에 극심한 대립을 지속하다 보면 상대를 적(敵)으로 간주해 버리는 경우가 허다하다. 대화상대가 윗사람이든 아랫사람이든 가리지 않고 막

말을 하거나 심지어는 욕설까지도 서슴지 않는다. 그러다 보니 대부분 식자층은 귀찮아서 그냥 입을 다물어버린다. 요즘 우리 사회에는 동방예의지국(東方禮儀之國)이라는 애칭이 무색해질 정도로 인간관계의 위계질서가 바로 서지 않은 추세다. 모두 자신이 옳다고 생각한다. 남의 생각 따위는 안중에도 없다. 이러한 갈등은 영혼의 평화를 갉아먹는 해로운 존재다. 어떠한 갈등이 표면화되었을 때는 최대한 빨리 갈등을 끝내는 것이 자신과 조직과 나라에 이롭다. 그래서 인성교육이 필요하다. 상대를 인정해 주고 입장을 바꿔 생각해 주는 올바른 인성이 형성되었을 때 자신의 평화는 물론 사회의 평화도 유지되기 때문이다. 제발 독자들은 대화상대를 자신과 견해가 다르다고 해서 타도대상으로 삼지 말기를….

–불안과 긴장을 고조시킨다.

2016년 여름은 불볕더위 경보가 발동되며 최고기온이 매일 경신되는 가운데 불볕더위보다 더 뜨거운 갈등이 온 나라를 가득 달궜다. 북한은 2016년 들어 4~5차 핵실험과 대륙간 탄도미사일(ICBM) 발사 실험을 한데 이어 지속적으로 미사일 발사실험을 강행하였다. 북한은 연일 핵과 미사일로 우리나라와 미국을 위협하였다. 우리는 북한 핵과 미사일을 마주하며 생존의 불안을 느꼈다. 그리고 이에 대처하기 위해 한·미 양국은 경북 상주에 고고도 미사일 방어체계, 즉 사드(THAAD) 배치를 결정하였다. 이는 순전히 북한 핵과 미사일을 방어하기 위한 것으로 중국이나 북한을 위협하는 것이 아닌 것으로 알려졌다. 그러나 일부 사람들은 인체에 해로운 전자파가 방출된다며 반발하였다. 어떤 이들은 반대를 위한 반대인 양 어떠한 타협의 여지도 남겨놓지 않은 채 사드배치 자체를 반대하고 나서는 태도까지 보였다. 미국은 북한이 핵개발을 하지 않는다면 한국에 사드를 배치하지 않겠다는 태도를 보였다.

결론적으로 말하자면 사드(THAAD, 고고도 미사일 방어체계)는 완전히 무해(無害)한 것으로 밝혀졌다. 괌의 사드 기지에서 측정한 전자파는 세계보건기구(WHO)의 인체 유해 기준의 0.01%에도 미치지 못했다. 이 정도면 자연 상태의 전자파라고 해도 틀리지 않는다. '만약 유해하다면 사드기지에 미군이 어떻게 근무를 할 수 있겠는가' 라면서 안전성을 강조한 한미연합사령관의 발언도 있었다. 조선일보 2016년 8월 23일자 사설에서는 다음과 같이 적고 있다.

사드를 반대하는 이유는 근본적으로는 모두 몸에 해롭다는 전자파 괴담 때문이다. 사실 전자파 괴담 때문에 애초의 사드 배치지역을 바꾼다는 것은 어이없는 일이다. 두 번에 걸친 전자파 측정 실험에서 레이더로부터 100m만 떨어져도 피해가 없는 것으로 나타났다. 1.6km 떨어진 곳에서 측정한 전자파는 세계보건기구(WHO) 유해 기준의 0.007%에 불과했다. 무엇보다 산 위에서 하늘을 향해 쏘는 전자파가 땅에 사는 사람들에게 영향을 미칠 리가 만무하다.

그러나 갈등관계에 있는 사람들의 반응은 냉담했다. 반대를 위한 반대처럼 심각한 갈등양상을 보였다. 국론이 분열되었다. 이처럼 불필요한 갈등이 위중한 안보상황을 망각하게 하여 북한의 위협에 대한 불안감과 긴장감을 증폭시켰다. 한국 내부의 남남갈등을 부추겨 사드 반대 여론이 끓어오르기를 기대하는 북한과 중국의 속내는 어떠했을지 궁금하다. 대다수의 국민은 북한의 핵무장과 미사일 위협에서 불안과 긴장감을 느끼는 것은 물론이고, 극단을 치닫고 있는 남남갈등에서도 최악의 긴장과 불안감을 느낄 수밖에 없었을 것이다. 물론 시간이 흐르면 해결되겠지만….

로마의 개혁주의자 베게티우스(Vegetius)는 『군사학 논고』에서 "평화를 원하거든 전쟁에 대비하라(If you want peace, prepare for war)."라고 경고했다. 북한의 핵위협에서 자유롭기 위해서는 핵

도발을 가정한 방어체계가 절대 필요하다. 그래야 평화가 찾아오기 때문에.

### —정서적·신체적 안위를 위협한다.

얼마 전 경기도 하남시의 한 아파트에서 층간소음 문제로 위층 노부부에게 흉기를 휘둘러 1명이 사망하고 1명이 크게 다치는 사고가 발생했다. 평소 피의자는 윗집과 층간소음 문제로 자주 다퉈왔는데 갈등이 심해지자 몰래카메라를 위층 복도 천장에 설치해 출입문 비밀번호를 알아낸 뒤 범행했다. 층간소음 갈등이 격화되면서 정서적으로 피폐해지기 시작, 치밀한 범행을 계획하고 이를 실행에 옮긴 것이다.

층간소음으로 다투는 세대가 늘어나면서 최근 우퍼스피커라는 일명 '층간소음 보복스피커'가 등장했다. 이 스피커는 아랫집이 천장에 스피커를 부착하여 윗집을 울림통으로 삼는 것이다. 이 스피커가 출시되고 현재까지 판매량이 늘고 있는 실정이라고 한다. 층간소음에서 위층보다는 아래층이 일방적으로 피해를 보는 경우가 많기 때문이다. 이처럼 갈등은 정서적으로 메말라갈 뿐만 아니라 신체적으로도 위협받고 있다.

갈등을 해결하기 위한 방법은 실로 다양하지만, 층간소음 문제에서는 배려와 양보가 해결책이라고 할 수 있다. 상대방을 배려하고 조금 양보하는 자세가 필요하다. 요즘에는 윗집에서 쿵쿵대거나 아랫집에서 항의하면 무조건 화부터 내는 경우가 많다. 화를 잠시 억누르고 인내하며 입장을 바꿔 생각해 볼 필요가 있다.

갈등은 정서적으로 피폐해질 뿐만 아니라 그로 인한 신체적 쇠약이나 건강악화로 이어질 가능성이 매우 높다.

## 갈등이 해로운 것만은 아니다.

### −조직의 안정성을 유지하는 수단이 된다.

요즘 직장인들이 직장에서 갈등을 없애는 데 소비하는 시간이 전체 근무 시간 중 대략 20%의 비율을 차지하는 것으로 알려졌다. 바꿔 말하면 직원들 사이에 갈등이 없으면 20%의 생산성을 향상시킬 수 있다는 얘기다. 하지만 그 정도가 어느 수준이냐가 문제일 뿐 어느 곳이든 갈등은 필연적으로 존재한다. 인생은 갈등의 연속이지만 감정의 골이 깊어지기 전에 얼마만큼 빨리 갈등을 풀어내느냐가 갈등관리의 관건이다. 이러한 갈등은 서로 간의 의사소통 부재로 좀처럼 해소되기 어렵다. 하지만 갈등이 어느 시점에 다다르면 폭발하게 되어 있다. 그때는 대화하기에 늦은 감이 있지만 좋든 싫든 대화를 해야 한다. 이러한 대화를 통해 조직의 안정성을 유지할 수 있다. 필자가 직장생활을 할 때 경험했던 한 예를 들어보자.

내가 일하던 부서에 소위 S대학 출신의 엘리트가 있었다. 그는 외견상 틀림없는 엘리트였으나 대부분 사람들이 그와 근무하기를 꺼렸다. 그는 어느 부서에서도 자신을 받아주지 않으려고 하자 직장을 그만두려고 결심까지 했었다고 한다. 당시 팀장이던 나는 그를 받아들였다. 그런데 우리 팀의 부팀장과 심각한 갈등을 빚었다. 그는 책상을 치울 줄 몰라 매번 책상 위에 쓰레기가 수북이 쌓였다. 그리고 어떤 리포트를 작성해도 끝을 맺을 줄 몰랐다. 하릴없이 세월만 보냈다. 팀원들과의 갈등이 끊이지 않았다. 결국, 전체 팀원들의 불만이 폭발했다. 나는 팀장으로서 해결책을 모색하지 않을 수 없게 되었다. 어느 날 나는 그를 불러 갈등의 원인을 물었다. 그리고 가장 잘하는 일이 무엇인지를 캐물었다. 그는 인터넷 서핑으로 어떠한 자료도 찾을 수 있다고 대답했다. 그 뒤 나는 그에게 오로지 자료검색만 하도록 업무를 조정해 줬다. 다른 팀원들은 리포트를 작성하고, 그 리포트에 필요한 자료를 그가 찾아내 지원하기 시작했다. 이제 업무에 관한 한 원만한 분위기가 조성되었다. 심각한 갈등에도 조직의 안정성을 유지하기 위한 대책이 수립된 것이다. 그럼에도 불구하고 그의 책상은 과거와 다름없이 쓰레기 천지였다.

어찌 됐든 갈등이 최고조에 달하면 폭발한다. 그 폭발 때문에 살아남으려고 노력해야 되며, 결국에는 갈등을 해결하기 위한 실마리를 찾게 된다. 사람들은 갈등과 관련된 자신의 생각과 요구사항을 말하게 되고, 그때까지는 몰랐던 서로 간의 불만사항과 요구조건들을 알게 된다. 그러므로 대화가 시작되며 소통이 이뤄진다. 갈등 당사자 간의 양보와 타협으로 조직은 다시 평온함을 되찾아 조직의 안정성이 유지되는 것이다. 이처럼 갈등이 꼭 나쁜 것만은 아니다. 갈등으로 말미암아 새롭게 관계를 정립하는 계기가 되기 때문에.

–혁신과 변화를 이끌어 낸다.

지난 2012년 소위 지하철 女라는 이름의 젊은 여성들이 인터넷 인기검색어 순위에서 우위를 차지하는 사건들이 있었다. 각종 언론에서도 연일 몰상식한 젊은 페륜 여성들의 행위를 보도하였다. 한 여성이 애완견의 변을 치우지 않은 채 자리를 떠나버렸고, 지하철 안에서 맥주를 마시던 한 여성은 자신을 나무라던 남성에게 맥주를 퍼붓고 막말을 하는가 하면, 또 다른 여성은 나이 많은 할머니에게 막말과 욕설을 퍼붓기도 하였다. 소위 지하철녀의 종결자는 전철 내부에 변을 보고 나간 여성이었다. 이들은 한결같이 젊은 여성이라는 공통점이 있었다. 그리고 아이들이 전철, 식당 등 한정된 공간에서 제멋대로 행동하는 것을 젊은 엄마들이 그대로 내버려둬 타인의 눈총을 받기도 하였다.

이 때문에 사회는 들끓었고 섬차 사회문제로 인식되기 시작히였다. 이러한 현상은 유독 젊은 여성들에 한정된 것이 아니라 남녀노소를 불문하고 사회 전반에 퍼져 있다는 의식이 확산되었다.

대책을 모색하자는 목소리가 높아졌고, 대부분의 문제행동들은 인성 교육이 부재한 데서 기인되었다는데 인식을 같이하기 시작했다. 정부에서도 대책을 수립하기에 이르러 2015년 7월 인성교육진흥법이 발효되기도 하였다. 그동안 당연하게 여겨졌던 인성교육이 법으로까지 강제된 것이다. 우리 사회 전반에 걸쳐 인성부재(人性不在)의 행동이 만연하였고 그 탓에 사회적 갈등이 표면화되었다. 이러한 갈등은 전 국민 인성교육이라는 결과를 이끌어 냈다.

또한, 부부 사이의 심각한 갈등이 건전하게 해소되면 서로 이해하는 깊이가 심오해진다. 부부 간의 갈등을 해결하지 못한 사람들은 변화를 이끌어 내지 못한 실패사례다. 부부의 갈등은 사소한 데서 온다. 서로 화합하기 위해 소통을 하다 보면 남자와 여자의 역할을 일정부분 공유하는 변화를 가져온다. 이런 점에서 볼 때 갈등을 반드시 악(惡)이라고 전제해서는 안 된다. 갈등이 혁신과 변화를 가져오기도 하니까.

–억압된 심리적 욕구를 만족하게 한다.

지난 2010년 12월 튀니지의 남동부 지방도시 '시디 부지드'에서 한 청년이 취직하지 못해 노점상을 하던 중 경찰의 단속 때문에 노점상을 할 수 없게 되자 이에 항의해 분신자살을 하였다.

당시 튀니지는 식량가격 폭등에 따라 물가가 급등한 상태였고 청년실업률은 56%에 이르렀다. 만성적인 실업과 물가고에 시달려온 주민들은 20대 청년의 분신자살을 계기로 억눌렸던 감정이 폭발하여 전 국민적인 저항운동으로 비화(飛火)되었다. 시위는 걷잡을 수 없이 확대되었고, 시위진압과정에서 많은 수의 인명피해가 발생했다. 결국, 23년간 철권통치를 강행했던 벤 알리 대통령이 권좌에서 물러났다. 튀니지의 국화(國花)는 재스민이다. 그래서 이 혁명을 재스민(Jasmine) 혁명이라 부른다.

튀니지와 인접한 이집트에서도 호스니 무바라크 대통령이 1981년 사다트 대통령 암살 이후 거의 30년간 철권통치를 하고 있었다. 무바라크 대통령은 비상사태법을 발동하여 필요 이상으로 엄격하게 국민을 지배하였다. 이때 튀니지의 재스민 혁명을 지켜보던 이집트 국민도 일제히 저항운동을 전개해 결국 무바라크 대통령을 물러나도록 만들었다.

이러한 와중에 튀니지와 이집트의 독재정권 붕괴를 지켜보던 리비아에서도 2011년 2월 중순 카다피의 독재에 항거하는 반정부 시위가 일어났다. 그리고 카다피의 정부군과 반군과의 교전이 시작되었다. 정부군의 강력한 진압작전으로 패색이 짙어가던 반군을 지원하기 위해 UN 안보리가 개입하였다. 안보리 결의에 따라 다국적군이 편성되었으며, 그해 3월 20일 새벽 정부군을 공격하였다. 결국, 카다피 국가원수는 시민군에 의해 사살되고 42년에 걸친 독재정권은 막을 내렸다.

중동·북아프리카 지역에 재스민 혁명이 끼친 영향은 실로 지대하였다. 그동안 억압되어왔던 심리적 욕구가 한꺼번에 분출되면서 독재정권하의 갈등이 일시에 사라져 버린 것이다. 그리고 민주정부를 갖고자 했던 그들의 열망이 이뤄졌다. 이처럼 갈등은 다양한 심리적 욕구들을 충족시켜주는 역할도 할 수 있다. 그러나 갈등의 긍정적 역할을 과신한 나머지 갈등을 내버려두거나 부추기는 행동을 해서는 안 된다. 갈등이 저절로 해소되는 것도 있기는 하지만 대부분의 갈등은 해결하고자 하는 각고의 노력이 수반되어야만 긍정적인 효과가 나타나기 때문이다. 갈등의 결과는 긍정적인 면보다 부정적인 것들이 더 많다는 사실을 유념해야 한다.

## 02
# 갈등의 원인은?

### 목표(目標)가 다른 데서 갈등이 온다.

일본은 제2차 세계대전에서 패망한 이후 우리 땅 독도를 빼앗기 위한 외교적 절차에 착수했다. 그리고 지금까지 꾸준히 외교적으로 자료를 축적해 왔으며 기회가 있을 때마다 독도를 일본 땅으로 둔갑시키고 있다. 그런 가운데 우리나라도 독도 영유권을 확고히 정립하기 위해 주력하고 있어 일본과의 갈등은 필연적이다. 일본은 독도를 자기네 영토화하려는 목표가 있고, 우리나라는 당연히 우리 영토이므로 이를 수호해야 하는 목표가 있다. 일본이 목표를 변경하지 않는다면 우리와의 갈등은 영속화될 수밖에 없다. 그런데도 일본과 심각한 갈등을 벌이고 있는 우리나라 국회는 독도 예산을 삭감했던 전례가 있던 반면, 같은 연도에 일본 국회는 영토수호 예산을 증액시키는 아이러니가 발생해 그 심각성을 더해 주고 있다. 다음의 2014년 1월 2일 자 아시아경제 기사내용을 잠시 살펴보자.

### 국회, 외교부 '독도 예산' 증액분 대폭 삭감[3)]

국회가 예산안을 최종 처리하는 과정에서 외교부의 독도 예산 증액분을 대폭 삭감한 것으로 나타났다. 일본의 과거사 도발에 단호히 대응해야 한다는 목소리가 높은 가운데 오히려 이러한 여론에 역행하는 조치가 나와 논란이 일고 있다.

2014년 1월 2일 외교부에 따르면 독도가 우리 고유 영토임을 알리고 이를 위한 역사적인 근거를 찾는 데 사용하는 영유권 공고화 사업의 올해 예산은 48억 3500만 원으로 확정됐다. 이는 국회 외교통일위원회가 지난달 10일 증액한 규모(68억 3500만 원)에서 20억 원이 삭감된 수치다.

앞서 외통위는 일본의 독도 도발이 계속되는 것에 대한 대응 필요성이 커졌다는 이유로 외교부가 제출한 예산(42억 3500만 원)보다 26억 원을 늘려 영유권 공고화 사업비를 편성했다. 그러나 국회 예산결산특별위원회는 증액분 26억 원 중 20억 원을 삭감하고 6억 원만 최종적으로 예산안에 반영했다.

지난해에도 외통위에서는 독도 예산이 대폭(20억 원) 증액됐으나 국회 예결위의 막판 처리 과정에서 증액이 없던 일로 된 바 있다.

---

3) http://view.asiae.co.kr/news/view.htm?idxno=2014010213484683453

일각에서는 독도 예산의 증액이 예결위의 최종 처리 관문을 잇달아 넘지 못하는 것이 소위 '쪽지 예산(예산 처리 막판에 반영되는 선심성 지역구 예산)'때문이라는 말도 나온다.

북한과의 갈등도 마찬가지다. 북한은 우리 사회를 자신들의 3대 세습 일당독재체제하에 두기를 원하고 있지만, 우리는 북한사회가 자유민주주의 체제로 전환되기를 바라고 있기 때문에 서로 목표가 달라 국가 간 갈등이 빚어지고 있다.

### 수단(手段)이 다른 데서 갈등이 발생한다.

얼마 전 절찬리에 방영되었던 한 드라마를 예로 들어보자. KBS 2TV의 수목드라마 '태양의 후예'에서 송중기와 송혜교는 의견 차이로 갈등을 빚는다. 송혜교는 송중기의 감봉과 소령진급 누락에 대해 불만을 표시했다. 이에 대해 송중기는 일반적인 문제에까지 끼어든다며 화를 낸다. 분위기가 썰렁해지자 송혜교는 "내 걱정이 당신 일에 끼어들어 정말 미안하네요."라고 사과하며 일단락되었다. 두 사람은 이 사건을 통해 최초로 큰 갈등을 빚었다. 그러나 이내 다시 마주친 두 사람은 시시껄렁한 농담을 주고받으며 분위기를 풀었다. 비록 드라마일지라도 그들이 갈등을 빨리 풀어 다행이다. 이 드라마에서 목표는 송중기의 진급이었다. 송혜교는 그의 진급을 원했기 때문에 진급되지 않은 사실에 대해 불만을 표시했고, 송중기도 역시 진급하기를 염원했지만 진급되지 않자 낙담한 마음에 화를 냈던 것이다. 목표는 같았지만 그들은 대화라는 수단에서 서로의 감정을 자극했다.

요즘 자녀교육 문제로 갈등이 많다. 그래서 자녀와 관련한 예를 들어보자. 두 어머니가 있었다. 한 어머니는 뛰어난 예술적 재능을 지닌 자녀를 두어 매번 피아노 콩쿠르에서 우승하는 딸을 자랑하곤 하였다. 그때 그 얘기를 듣는 다른 어머니는 자신이 왜소해 짐을 느꼈다. 자신의 딸은 아직은 어느 면에서도 재능을 보이지 않고 있었기 때문이다. 그녀는 자신의 딸에게 온갖 정성을 쏟아 부으며 공부를 시켰다. 그리고 마음속 깊은 곳에는 다른 어머니의 교육방식을 비판하는 은근한 갈등이 싹트고 있었다. 다른 아이는 음악을 잘해 주목을 받지만, 자신의 딸은 공부를 잘해 성공하도록 해야겠다는 생각에서다. 이 두 어머니는 모두 자녀가 성공하기를 바라는 목표는 같지만 결과를 향한 과정에서 갈등이 생긴 것이다. 특히 자녀를 둘러싼 어머니들의 갈등은 미묘한 신경전을 불러일으킨다.

또 다른 예를 들어보자. 한 부부가 부산에 갔다. 그런데 돌아오는 과정에서 부부가 심각하게 표정이 일그러져 있었다. 남편은 기차 타고 서울로 돌아가자는 것이고, 부인은 모처럼 부산에 왔으니 김해공항에서 비행기를 타고 폼 나게 돌아가자는 것이었다. 여성은 분위기(mood)에 젖어 신혼의 낭만을 즐겨보기를 원했으나 남성은 굳이 시간낭비하며 항공편을 기다릴 수 없다는 것이다. 즉시 승차가 가능한 기차를 타고 상경하는 편이 훨씬 낫다며 아내를 무안하게 만들었다. 이렇게 부부는 옥신각신하다 결국은 각자 다른 교통편으로 상경하기에 이르렀다. 서울에 가려는 목표는 같지만, 교통수단을 두고 서로 갈등을 빚은 것이다.

## 자원이 부족한 데서 갈등이 찾아든다.

1889년 어느 날, 한 남자는 죽을 힘을 다해 팔씨름에서 이기고 얻은 빵 한 덩어리와 양계장에서 훔친 달걀 4개를 피크닉 바구니에 담으며 권총을 바구니 안에 숨긴다. 그는 허기에 지쳐 쓰러진 여성을 부축해 일으켜 세운 뒤 큰 나무 아래에 자리를 잡고 소박한 최후의 식사를 준비한다. 남자는 포도주병에서 맹물을 따르고, 여성은 빵에 버터를 바르며 물기 어린 눈으로 바구니 안의 권총을 바라본다. 그리고 자살을 재촉하는 듯한 강렬한 눈빛으로 남자를 바라본다. 시선을 떨구고 빵 한 조각을 베어 문 그의 목을 가볍게 쓸어안는 그녀를 꼭 끌어안는다. 그리고 바구니의 권총을 꺼내 그녀의 관자놀이에 갖다 댄다. 그가 이내 "난 할 수 없어"하고 부인하자 "해야 해요. 다른 선택이 없어요."라고 말하는 그녀. 그는 고개를 가로 젓는다. 얼마나 시간이 흘렀을까? 그때 어디선가 나비 한 마리가 나풀나풀 날아온다. 순진한 그녀는 소녀의 천진난만한 그 모습으로 되돌아가 가벼운 몸짓으로 나비를 이리저리 쫓아다닌다. 드디어 그녀가 나비를 막 손으로 잡으려는 순간 "탕~"하는 한 발의 총성이 울린다. 마치 세상이 정지한 것처럼 주위가 스틸화면의 한 장면으로 완전히 정지해 버린다. 그리고 다시 한 발의 총성이 울린다. 아름다운 초원에서 찬란한 역광을 받으며 두 남녀는 그렇게 낭만적으로 생을 마감한다.

위의 이야기는 '엘비라 마디간'이라는 1967년 스웨덴 영하이 줄거리이다. 서커스단의 줄 타는 소녀 엘비라 마디간과 스웨덴 육군 중위 식스틴 스파레의 사랑을 다룬 영화로 실화를 바탕으로 제작되었다. 두 자녀와 아내가 있음에도 사랑을 이루기 위해 탈영한 스웨덴 육군 장교와 서커스단을 뛰쳐나온 덴마크의 줄 타는 소녀. 그들은 사랑도 중요했지만, 도피처인 숲 속에서 먹을 것이 필요했다. 빵이 없어 배고픔에 허덕이던 두 남녀는 결국 자살이라는 극단적인 탈출구를 모색한 것이다. 그들에게 먹을 것이라는 자원(資源)이 있었더라면 상황은 달라졌을 것이다.

여담이지만 이 영화 상영 이후의 재미있는 얘기를 소개해 보기로 한다. 1967년 칸 영화제에서는 당시 17세의 발레리나로 엘비라 마디간 역(役)을 훌륭히 소화해낸 피아 데게르마르크에게 여우주연상을 수여했다. 이 한 편의 영화로 단숨에 스타가 돼버린 그녀는 이듬해 다른 영화에 출연했지만 엘비라 마디간의 인상이 너무도 강렬한 탓에 사람들의 기억에서 이내 잊혔다. 또한, 영화의 영상미를 한층 강화시킨 아름다운 선율이 있었다. 모차르트의 '피아노 협주곡 21번 C장조'가 바로 그 화제의 음악이다. 모차르트는 27개의 피아노 협주곡을 작곡했는데 그중 가장 유명한 협주곡으로 재탄생된 것이다.

또 다른 예로는 공무원 조직을 경량화한다는 발표가 있었는데도 매년 공무원의 수는 증가한다. 그러니 최근 지방자치단체의 청사가 낡고 비좁아 신축해야 한다는 볼멘소리도 나오곤 한다. 공무원이 늘어났으니 청사가 좁은 것은 당연하다. 그런데 아무리 봐도 공무원 수를 줄이는 조치는 없다. 공무원 조직과 일반 회사 조직이 늘어나면 그만큼 직책 숫자가 증가한다. 직책이 늘어나면 진급할 기회도 그만큼 많아진다. 자원부족에서 오는 갈등을 해소하기 위한 한 방법이다.

공직사회는 어떤 일이 제대로 행해지지 않은데 대한 변명으로 인력타령, 예산타령 등을 예사로 거론한다. 이러한 타령 속에는 직책과 진급이라는 자원이 부족하다는 뜻이 내포돼 있다. 전체 부처가 그렇지는 않다 치더라도 대체로 모든 부처의 공무원 수는 지속 증가한다. 공직사회는 해야 할 일이 있든 없든, 또한 일의 중요도가 높든 낮든 관계없이 하급 직원의 수를 계속 늘려나간다. 그래야 직책이 늘어나고 진급 가능성도 그만큼 더 커지기 때문이다. 그러므로 개인의 출세를 위해 일을 늘리고 공무원 수를 늘리려는 측면이 강하다고 볼 수 있다.

### 대형 재난 사건사고에서 갈등이 온다.

일반적으로 집단 히스테리 경향은 대형 재난 사건·사고 등에 의해 발생하는 경우가 많다. 2014년 4월 16일 고교 수학여행단을 태운 평택-제주 여객선 '세월호'가 차디찬 바다에 침몰하였다. 실로 큰 재난사고였으며 인재(人災)였다. 어린 학생들이 희생된 것에 대해 온 국민이 참담함을 느끼며 그들을 애도했다. 유가족들의 비통함은 어떠한 말로도 설명할 수 없을 정도였다. 책임 있는 국가기관에서 사고유발 책임자를 엄하게 다스리고 부모들의 갈등을 해결해 줘야 하는 것은 당연했다. 그러나 정부의 미적미적한 태도가 정치적 이슈로 비화시키기에 이르렀다. 세월호 침몰사고는 정치적 이슈(issue)가 되었고, 각계에서 정부를 비난하는 호재가 되었다. 그러나 엄밀히 말하자면 세월호 침몰사고는 대형해난사고로서 실제로 정치적 이슈는 아니었다. 대형 재난사고에 넋을 잃은 유가족들은 집단 히스테리적 경향을 보이며 비난대상을 대통령으로 삼았다. 동양적 시각에서 모든 갈등은 가장 힘 있는 자가 중재해 줘야 한다는 인식이 잠재의식에 내재해 있기 때문이었다. 모든 비난이 대통령에게로 향했다. 유족 대표와 시민

단체가 대통령에게 항의하기 위해 청와대로 진입하려다 경찰에 의해 제지당하기도 하였다. '사고 당시 대통령은 뭐 했느냐?'는 등의 대통령 일거수일투족에 대한 비난이 쏟아지며 국가원수의 리더십을 만신창이로 만들어 버렸다. 대형 재난사고에 의해 발생한 집단 히스테리를 최고 책임자가 해결해 줘야 된다는 동양적 사고가 저변에 깔린 대표적인 사례이다.

지난 2016년 4월 20일 조선일보 기자수첩 란에 구마모토 김수혜 특파원이 게재한 글이 우리에게 교훈을 던져주고 있다. 일본은 동양적 사고가 깊은 곳인데도 사고처리방식은 서양식 사고에 따른 실례이다.

[기자수첩]

**지진 현장 근처도 안 갔는데… 지지율 더 올라간 아베**
**만일 한국 상황이었다면… '대통령 어디 있나', '장관 뭐하나'**
**시비로 국론 분열되지 않았을까?**

구마모토 현 지진 뒤 처음으로 마이니치 신문이 지난 16~17일 여론조사를 했다. 아베 신조(安倍晋三) 총리 지지율이 지난달보다 2%포인트 오른 44%를 찍었다. 응답자 65%가 '정부의 지진 대응이 적절했다.'고 했다. 우리 눈엔 이상한 현상이다. 이곳 구마모토 현은 지금도 하루 수십 번 여진이 난다. 자고 일어나 NHK를 켤 때마다 누적 지진 횟수가 470회에서 540회로, 다시 599회로 확확 치솟는다. 이 글을 쓰는 중에도 발밑이 한 차례 으르릉댔다.

아베 총리는 지진이 난 뒤 구마모토 현 근처에도 안 왔다. 총리 관저와 국회를 오가며 하루 한두 번씩 비상대책회의를 주재했다. 밤에도 일찍 퇴근했다. 지진 첫날만 자정 넘겨 퇴청했고, 그 뒤론 빠르면 밤 8시 18분, 늦으면 10시 35분 관저로 돌아갔다. 일본 정부가 자위대를 증파하며 신속하게 대처했지만, 현장에선 곳곳에서 밥과 물이 떨어졌다. 자동차로 2시간 반 거리 후쿠오카는 물자가 넘치는데 구마모토는 주먹밥이 모자랐다. "총리 어디 있느냐?", "장관은 왜 안 오느냐?", "군용기로 식량 공수하지 않고 뭐 하느냐?"는 소리가 빗발칠 법한데 그런 소린 일절 없다.

다만 아베는 14일 밤 9시 41분 카메라 앞에 섰다. 강진이 구마모토를 처음으로 강타한 지 15분 만이었다. 피해를 훨씬 키운 16일 2차 강진 때는 새벽 3시 28분에 기자들을 만나러 나왔다. 지진 발생 2시간 3분 뒤였다. "주민 구출에 총력을 다하겠다."는 말을 긴장감 있게 짧게 하고 들어갔다. 총리가 구마모토에 안 왔지만 '그럼 그 시간에 어디 있었느냐?', '누구랑 뭐 했느냐?'는 시비로 국론이 찢어지지 않았다. 매일매일 총리 동선(動線)이 이튿날 아침 신문에 분(分) 단위까지 나는 게 관행이다. 기자들이 총리 관저 집무실 엘리베이터 앞에 24시간 진을 치고, 들고 나는 사람들의 이름과 직함을 확인한다. 집무실 있는 층 복도에도 CCTV가 달려서 누가 몇 시에 어떤 표정과 보폭으로 들어갔다 나오는지 아래층 기자실 모니터에 실시간 비친다.

지진 속보와 정규 방송 틈틈이 NHK가 국회 주요 회의를 생중계했다. 여야 의원들이 도표, 메모, 정부 보고서를 들여다보며 실무

적으로 지진대책을 묻고 따졌다. 괜한 트집 잡기나 인신공격으로 흐리지 않았다. 동일본 대지진 이후 최악의 자연재해가 덮쳤지만, 그 일로 국가의 리더십까지 만신창이가 되는 일이 일어나지 않았다. 아베 총리는 더 세졌다.

유럽의 경우를 살펴보자. 2015년 11월 13일 이슬람국가(IS) 테러분자들은 파리 도심 카페 네 곳에 총을 난사해 15명을 숨지게 하고 바타클랑 공연장에 대해 테러를 감행하여 90명을 희생시켰다. 참혹한 테러의 공포가 파리 시내를 휩쓸고 간 이후 주민들은 테러의 상처와 공포에 휩싸였다. 대형 사건이었으나 파리 시민들은 일치된 단결력을 보이며 집단 히스테리를 극복해 냈다. 테러 방지를 위한 법률 규정과 지침을 시행하는 관계자들에게 항의하지 않았으며, 대통령궁에 성토하러 몰려가지도 않았다. 미증유의 대참사를 불러온 미 뉴욕의 9.11테러 때도 미국인들은 백악관으로 몰려가지 않았다. 누구를 비난하기에 앞서 피해복구와 테러방지 대책을 먼저 논의했다. 서양인들의 갈등해소 방법, 즉 결투식 갈등 해소에 익숙한 사람들의 방식이다.

이런 사례들은 서양식 갈등해소 방법이 좀 더 나은 면이 있음을 설명한 것으로 반드시 서양식 갈등해소 방법이라야만 된다는 것은 아니다. 우리 사회의 갈등해소 방법도 우수한 것들이 많다는 사실을 염두에 둬야 한다.

# 03
# 갈등 극복의 메커니즘은?

## 부정적 방어기제를 피하라.

방어기제(Defence Mechanism)라는 용어는 현대 사회에서 대단히 자주 사용되고 있다. 원래 방어기제는 지그문트 프로이트가 인간 심리에 대해 연구하면서 딸 안나와 공동으로 고안한 이론이다. 프로이트에 의하면, 방어기제는 불안감과 수용 불가능한 충동을 막기 위한 대책으로서 우리의 무의식을 통해 현실을 조작하고 부인하며 왜곡하는 수법을 일컫는다. 방어기제에 대해 프로이트가 고안한 용어 중 부정적 요소가 강한 것은 합리화(rationalization), 부인(denial), 투사(projection) 등이다.

– 합리화(Rationalization)

자신의 잘못된 행동에 대한 진짜 이유를 알지만 그럴듯한 이유를 찾아내 변명하는 것이 합리화다. 현실을 왜곡하여 자신을 정당화함으로써 위안을 삼는 것이다. 이러한 행동은 자신을 위한 것으로 보이지만 실은 자신을 망치는 지름길이다. 심리학에서는 잘못된 원인을 자신 내부에서 찾지 않고 아무런 관련이 없는 외부에서 찾아 연결한다 하여 귀인이론 또는 귀속이론(歸因理論·歸屬理論, Attribution Theory)이라 부른다.

여우 한 마리가 사막을 지나와 마을 어귀에 당도했다. 동구 밖 과수원 길의 높은 담벼락을 감아 오른 포도덩굴에는 탐스러운 포도송이가 주렁주렁 매달려 있었다. 목마르고 배고픈 여우는 과즙이 줄줄 흐를 것 같은 포도를 바라보며 이내 침을 흘렸다. 껑충껑충 뛰어오르며 수차례 포도 따기를 시도하던 여우는 끝내 뜻을 이루지 못한다. 너무 높이 달려 있기 때문이었다. 여우는 주린 배를 움켜쥐며 발걸음을 돌리며 혼잣말로 되뇐다. "달콤해 보이는 저 포도는 너무 시어서 먹지 못하는 포도일 거야."라며 애써 자신을 위로해 본다. '여우와 신포도(Fox & Sour Grape)' 우화는 자신을 합리화하려는 대표적 사례로 손꼽힌다. 그런데 그 포도가 정말 시디셔 먹을 수 없는 포도였을까? 먹을 수 없으니 사실을 왜곡해서라도 못 먹는 것으로 생각해야 마음이 편하다.

그러나 신 포도라고 가정하는 순간 마음은 편해질지 모르나 진실은 수면 아래로 침몰하고 만다. 단순히 합리화시켜 포기하는 것보다 진짜 원인과 해결책을 찾아보는 것이 바람직하다.

합리화를 가장 애용하는 사람들은 우스운 얘기지만 골퍼(golfers)들이라고 한다. 그들은 골프가 잘 안 될 때마다 변명거리를 하나씩 만들어내 자신을 합리화시키기 때문이다. 골프가 잘 안 되는 이유가 백팔번뇌를 빗댄 108가지, 일 년 365일 중 하루에 한 가지씩 골프가 안 되는 이유를 대도 '이상하게 안 되네.'라는 하나가 더 있다는 의미로 366가지, 또는 입버릇처럼 되뇌는 숫자인 오만가지(50,000가지)나 된다고 한다. 골프에서의 자기 합리화는 자신을 망치는 것이라기보다는 단순 애교(愛嬌) 수준이 아닐까. 이 정도는 귀엽게 봐 줍시다.

### –부정·부인(Denial)

이미 발생한 특정 상황이나 사건을 부정하고 부인해 버림으로써 극심한 고통이나 분노를 지워버리는 방어기제다. 비참한 상황이 발생했다는 사실 자체를 잊고 싶은 마음이 간절하기 때문이다. 부인은 어떤 일이 발생했거나 발생하고 있다는 사실을 부정하는 행태다. 부인은 개인의 고통을 부정하는 개인적인 측면이 강하지만, 대형 참사 또는 자연현상 같은 사건들을 부정하는 형태로도 나타난다. 부인(denial)이 심해지면 이미 발생한 사실 자체를 잊고 싶어져 '선택적 기억상실증'에 걸리기도 한다.

1994년 10월 21일 아침 7시 44분, 서울 한강을 관통하던 성수대교 상판 48m가 붕괴되었다. 이 사고로 당시 차량 6대와 시민 49명이 한강으로 추락해 32명이 숨졌다. 이때 무학여고에 다니던 꽃다운 소녀 9명이 세상을 떠났다. 그 뒤 10년이 흐른 다음 조선일보에 다음과 같은 두 건의 기사가 실렸다.

**하늘나라에서 온 딸의 편지**

"사랑하는 아빠 보세요. 아빠! 저는 요즘 얼마나 마음이 아픈지 모릅니다. 아빠가 저를 때리셨을 때 제 마음보다 100배, 1000배 더 마음 아프실 아빠를 생각할 때마다 눈물을 감출 수가 없습니다. 하지만 아빠! 저를 때리신 것으로 생각하지 마세요. 제 속에 있던 나쁜 것들을 때려서 물리치신 거로 생각하세요. 아빠, 저를 위해 한 번 더 마음을 풀어주시지 않겠어요?"

1994년 10월 21일, 가장 이식천(당시 46세) 씨는 하늘나라에서 보낸 딸의 편지를 받았다. 딸 연수(당시 16세, 무학여고2)가 아침 등교 도중 성수대교와 추락한 16번 시내버스 안에서 숨을 거뒀다는 비보를 들은 지 몇 시간 뒤, 빗물과 강물에 젖은 채 돌아온 딸의 책가방 안에는 소소한 잘못으로 아빠에게 매를 맞은 뒤 눈물로 쓴 편지가 고이 접혀 있었다. 딸을 잃은 후 자책할 아빠를 안쓰러워하듯이 편지는 "아빠도 파이팅!이에요. 94년 10월 20일 아빠를 사랑하는 연수가 드려요."로 끝을 맺었다. 이날 아빠는 딸아이 가방을 가슴에 품고 엉엉 울었다. 그 후 10년….

수소문해 찾아간 아파트에는 연수 가족은 없었다. 이웃들은 사고 이듬해인 95년 서둘러 이사를 했다고 전했다. 이유를 알 수 있었다. 그 아파트 창문에서는 새로 단장된 왕복 8차로의 화려한 성수대교가 한눈에 들어왔다. 하지만 그때는 허리가 잘린, 그리고 딸을 삼킨 흉물스런 다리였을 것이다.

불과 몇백 미터 떨어진 곳에 있는 이사한 집은 한강이 보이지 않는 아파트였다. 어머니(52세)는 힘겹게 말문을 열었다. 아버지는 성수대교 사고 직후 굴지의 대기업 이사로 스카우트될 만큼 사회적으로 승승장구했지만 2년 후 힘없이 숨을 거뒀다고 했다. 착한 딸 연수의 '파이팅' 당부를 들어주지 못한 회한을 남기고. "연수 아빠는 아침에 일어나면 멍하니 눈물을 흘리고, 퇴근해서 집에 오면 울고, 회사에서도 남몰래 울었어요. 밥을 먹다가도 통곡하고, 잠이 안와서 뒤척이는가 보다 하고 바라보면 훌쩍훌쩍 울고 있고…. 그렇게 2년을 살다 중병에 걸려 돌아가셨지요." 아버지는 경기도 용인시 천주교 묘지 딸 연수의 묘지 인근에 안장됐다.

### “그놈의 8학군 때문에…” 자책의 눈물

성수대교 붕괴 사고로 숨진 황선정(당시 16세, 무학여고1) 양은 가족이 강남구 일원동 근로자 아파트로 이사하면서 성수대교를 건너 통학했었다. 환경미화원인 아버지(50세)는 기자와 만나 “8학군 욕심에 이사를 했다가 그렇게 됐어. 부모 잘못 만나서….”라며 자신을 탓하고 있었다. 10년이 지나도 부모는 당시의 작은 기억까지 모두 상처로 품고 있었다. “죽는 순간 얼마나 억울했을까? 버스 떨어지는 순간…. 우리 아이가 맨 나중에 발견됐어. 너무 억울해. 내 목이 터지는 거 같아. 피가 거꾸로 솟는 것 같아. 그날 비가 왔어. 선정이가 그때 자기 우산을 가져가지 않고 다른 가족 우산을 가져갔어. 지금도 아내가 그래. 그때 아이를 붙잡고 우산을 바꿔줬어도, 단 1초만 지연시켰더라도 살 수 있었을 텐데. 차라리 내가 죽었으면… 1초만 빨랐으면, 1초만 늦었으면, 그놈의 시간이 왜 그렇게 원망스럽냐.” 그는 다시 자책했다. “내가 그때 그놈의 강남 근로자 아파트 딱지만 받지 않았어도. 난 비록 청소부지만 똑똑한 내 딸을 위해 8학군이네 뭐네로 이사를 갔어. 근데 이사 간 기간이 짧아 강남 8학군 배정을 못 받고 성수대교 건너가게 된 건데….” 선정이 아버지는 자신이 ‘위암 초기’라고 말했다. 하지만 “지금 죽어도 상관없어 병원 안 간다.”고 했다.

아버지는 사고 뒤 딸이 하늘나라에 갔다는 사실을 인정하지 않았다. 자신을 자책하며 술만 마셨다. “딸애가 공부를 조금만 못했더라도, 한 번도 일등을 놓친 적이 없는데…. 내가 죽일 놈이지 무슨 강남으로 이사를 한다고.”라고 자책하며 딸을 결코 놓아주지 않았다. 딸의 죽음을 부인하던 아버지는 병이 깊어져 의사에게서 살날이 얼마 남지 않았다는 판정을 받는다. 자신과의 갈등을 슬기롭게 해결하지 못하고 딸이 죽었다는 사실을 부인과 부정(denial)으로 일관하며, 강남 이사 이전의 삶으로 되돌리고 싶어 하는 취소(undoing)라는 그릇된 방어기제를 사용함으로써 인생이 피폐해진 것이다.

딸의 살아생전 모습을 그리며 딸의 죽음을 부인과 부정으로 일관하던 부정(父情)! 두 아버지의 통한(痛恨)을 이해 못 하는 바는 아니지만, 어느 정도 시간이 흐른 뒤 가슴에 묻었던 딸을 하늘로 올려보냈더라면 딸을 좇아 저승으로 가지는 않았을 것이다. 과연 두 딸은 자신들의 아버지가 지상에서 자신들의 명복을 빌며 충실한 삶을 살기를 원했을까? 아니면 이승에서의 삶을 조기에 마감하는 슬픈 삶을 살기를 바랐을까?

### −투사(Projection)

심리학에서 투사(projection)는 무의식에 품고 있는 개인 성향인 태도나 특성, 즉 공격적인 계획과 충동 등에 대하여 다른 사람에게 그 원인을 돌리는 현상을 말한다. 인간은 자기 스스로 불안과 공포를 통제하지 못하게 되면 투사를 통해 문제해결을 기대한다. 중요한 목표를 달성하지 못한 것에 대한 불안감의 원인을 남의 탓으로 귀착시켜 화풀이하는 것이다. '종로에서 뺨 맞고 한강에서 화풀이한다.'는 속담처럼 자신의 잘못을 남의 탓으로 돌려버리는 행위가 투사의 전형적인 예다. 잘되면 내 탓, 못 되면 조상 탓! 이때 만만한 사람이 희생양으로 전락한다. 자신의 불편한 심리를 그에게 쏟아내어 따돌림을 받게 해 버리기 때문에.

투사(projection)가 사고(思考)의 형태로 나타나면 망상(妄想)이 되고, 지각(知覺)의 형태로 투사되면 환각(幻覺)이 된다. 이러한 사고의 형태나 지각의 형태를 이용, 고대 그리스인들은 신화를 창조해 냈다. 과학이 발달하기 이전, 세상의 모든 일은 신의 뜻에 따라 이뤄진다는 것이다. 고대 그리스인들은 무려 5천여 신(神)이 존재한다고 믿었다. 그리스가 지중해에서 흑해로 진출하기 위해 트로이를 침략한 트로이 전쟁도 그 책임을 신들의 장난 정도로 돌려놓았다. 남녀가 부정(不貞)을 저질러도 에로스의 화살에 맞았기 때문에 사랑에 빠질 수밖에 없었다는 변명거리가 되었다. 이러한 신화의 내용은 내 탓이 아니라 신들의 탓이라는 전형적인 투사(projection)의 수단으로 이용되었다.

최근 우리 사회의 분노는 도를 넘어섰다. 비보호 좌회전 도로에서 머뭇거렸다는 이유로 경적을 울리고 욕설을 해대는가 하면 이에 반발해 낫을 들고 쫓아갔다는 보도가 있었다. 트럭이 시야를 가렸단 이유로 보복운전을 하여 뒷차량 운전자를 장애인으로 만든 사건도 발생했다. 층간소음 문제로 화를 내며 다투다 이웃이 원수가 되었으며, 심지어는 살인까지도 서슴지 않는 현실이 비일비재(非一非再)하다. 이들의 공통점은 모두가 잘못된 원인이 상대방에 있다며 분노한다는 것이다. 2015년 대한신경정신의학회가 정신건강의 날을 맞아 조사한 자료를 보면, 우리 국민의 절반 정도가 상당한 분노 감정을 경험하고 있으며, 11%는 치료가 필요할 정도라고 한다. 2016년 초 국민통합위원회가 발간한『한국형 사회 갈등 보고서』에도 우리 사회가 분노사회를 넘어 원한사회로 치닫고 있다고 기재되어 있다.

정신의학적으로 분노는 욕구좌절 또는 생존위협에 대한 반응이다. 적절한 분노는 인간 생존에 필수적이다. 분노가 표출되는 과정은 뇌 감정 중추의 일부인 편도체(amygdaloid body)에서 분노자극이 먼저 유발되고, 그 뒤 고위 중추인 전두엽(frontal lobe)에서 분노의 정당성 여부를 판단하게 된다. 이러한 과정에 따라 요즘 우리 사회의 분노범죄를 뇌의 기능과 연관시켜보면 뇌의 편도체는 활성화되어 있지만, 전두엽은 마비되어 자기 제어 기능이 상실되었다고 볼 수 있다. 이러한 분노는 자신의 행동을 뒤돌아보지 않고 모든 책임을 상대방에게만 전가하는 부정적인 투사(投射)기제가 작동하기 때문이다. 분노하기 전에 숨을 크게 몰아쉬고 다시 한 번 생각해 보는 시간을 갖도록 연습하자. 분노는 행복의 적이기 때문이다.

### 고립(Isolation)

1997년 외환위기(IMF사태)의 여파로 사업이 몰락하고 몇 년을 경제사범으로 복역한 뒤 도망치듯 고향에 돌아왔지만, 희망을 잃은 채 방구석에 틀어박혀 세월을 보냈다. 홀로 철저히 고립되어 있었기 때문에 누구와 제대로 된 대화도 할 수 없었고, 도움도 요청할 수 없었다. 삶의 의지마저 포기한 그는 방구석에서 온갖 생각을 다 하다가 결국 자살을 결행하였다. 그러나 모진 생명줄은 끊어지지 않았다. 병원에 입원하고 있던 그에게 동네 형님이 찾아와 꾸지람과 더불어 도움을 주자 삶의 의지가 다시 살아났다. 그날 그는 얼마나 울었는지 모른다. 자신만 기다려온 가족들을 볼 낯도 없고, 특히나 자신 스스로 너무 부끄러워 눈물을 주체할 수 없었다. 마을 청소부터 시작한 그는 딸기농원을 시작으로 온갖 역경을 이겨내고 이제는 사회적 농업을 주관하는 농촌지도자로 변모했다.

2013년 8월 12일 농민신문에 게재된 영농생활수기 내용을 요약해 보았다. 처음에는 현실도피처로 방구석에 자기 자신을 가두었다. 외부 환경에 대처하기보다는 자신을 철저히 고립(isolation)시킨 것이다. 그가 고립을 거두고 외부와 타협하면서 인생이 달라졌다. 물론 감정이 최고조에 달했을 때는 자신을 고립시켜 생각할 시간을 갖는 것도 필요하다. 하지만 기간이 길어지면 안 된다. 고립이 심해지면 대인기피증, 실어증, 자폐증으로 발전될 가능성이 있기 때문이다. 그래서 화가 나서 자신을 고립시켰다 할지라도 어느 정도 감정이 가라앉으면 고립을 풀어야 한다. 자기 자신이든 아니면 상대방이든 약간의 시간이 흘러 감정이 누그러질 때쯤에 상대방에게 대화를 시도해야 한다. 부모에게 꾸지람을 들은 청소년이 자신의 방 문을 걸어 잠그고 부모와의 소통을 단절시키는 것도 고립이다. 감수성이 예민한 청소년들이 자신을 고립시키는 것은 좋지 못한 결과를 불러올 수도 있다.

–반동형성(Reaction formation)

항상 엄마의 말과 반대되는 행동만 하던 청개구리가 있었다. 아들의 반대행동에 속을 태우던 엄마 청개구리는 이제 죽을 날이 다가왔음을 실감하고 유언을 남긴다. 엄마 청개구리는 말 안 듣는 아들 청개구리에게 양지바른 언덕에 자신을 묻어 주기를 기대하면서 그와 반대되는 말을 한다. 엄마는 아들 청개구리가 습한 개울가에 묻어달라고 해야 양지바른 곳에 묻어줄 것으로 생각했다. "나는 이제 저세상으로 갈 때가 되었구나. 엄마의 마지막 소원이니 나를 저 개울가에 묻어다오." 엄마가 죽자 아들 청개구리는 과거의 잘못을 뉘우치며 눈물을 흘렸다. 그리고 난생 처음 엄마의 유언에 따라 엄마의 시신을 개울가에 묻었다. 어느 여름날 비가 몹시 내리자 아들 청개구리는 개울가에 홍수가 나 엄마의 시신이 떠내려가지나 않을까 하고 슬피 울기 시작했다. 그래서 지금도 비가 오는 날이면 청개구리가 개굴개굴 울어댄다는 것이다.

상기 우화의 결론에는 그동안의 행동을 뉘우치는 청개구리의 눈물과 구슬픈 울음소리가 두드러진다. 동쪽으로 가라 하면 서쪽으로 가는 청개구리의 행태가 바로 반동형성(反動形成, reaction formation)이다. 예를 들면 상사가 야근을 지시하자 그날 저녁 야근을 하지 않고 일찍 나가버린다든지, 군 간부가 용사들에게 복장을 단정히 할 것을 명령하자 간부가 보이지 않는 곳에서는 복장을 풀어헤치고 다닌다든가 하는 것이 반동형성이다. 이처럼 지시나 명령, 또는 규정과 규칙에 반대되는 행동을 하는 것은 결코 갈등관리에 도움이 되지 못한다.

## 중립적 방어기제는 상황에 따라 적절히 사용하라.

### – 억압(Repression)

우리는 일상생활에서 수없이 많은 방어기제를 동원하여 살아가게 된다. 그중 억압은 욕구, 욕망, 생각, 충동, 감정, 기억 등을 대상으로 이뤄지는데, 이러한 것들이 그대로 표현되면 자신에게 곤란해지는 상황이 예상되기 때문에 무의식적으로 자신을 속이거나 상황을 왜곡하여 해석함으로써 해결책을 이끌어내고 자신을 보호하는 정신적 과정을 일컫는다. 다시 말하면 억압은 자신에게 불리하거나 불안정한 상황을 참고 견디는 것이다. 자신의 생각과 행동을 억누르지 않고 그대로 행동한다면 세상에 남아날 것이 하나도 없다. 직장인들이 상사 등으로부터 부당한 대우를 받아 화가 치밀어도 "어이구 내가 참아야지."하고 견디는 것도 억압이라는 방어기제가 작동한 까닭이다.

한국인 특유의 질병인 화병(火病)은 오랜 기간 분노와 같은 감정을 제대로 풀지 못하면서 신체적 증상이 동반되는 질환이다. 이는 억압이라는 방어기제를 장기간 작동시켜서 발생한 후유증으로 방어기제 억압이 갖는 부정적 측면이다.

반면, 참는 자에게 복이 있나니! 대응해 봐야 속만 상하니 그냥 한 귀로 듣고 한 귀로 흘려보내자. 참아가며 자신에게 불리한 상황을 적절히 극복한다면 억압은 상당히 좋은 방어기제가 된다.

포기하지 않고 참고 견디며 다음 기회를 엿보는 것이다. 이것이 방어기제 억압이 갖는 긍정적 측면이다.

– 퇴행(Regression)

지난 1983년 미국의 임상 심리학자 댄 카일리(Dan Kiley)는 몸은 어른이지만 어른들의 치열한 경쟁 세계에 끼지 못하는 '어른 아이'가 늘어나는 사회현상을 가리켜 '피터 팬 증후군(Peter Pan Syndrome)'이라 불렀다. 피터 팬은 영원히 어른이 되지 않는 가상의 세계 네버랜드에서 아이들과 어울려 모험을 즐기는 동화 속 주인공이다.

요즘 일부 직장인들은 힘든 현실을 부정(denial)하며 아무런 책임도 지지 않던 동심의 시절로 되돌아가고 싶은 심리상태(regression)를 가진다. 마치 피터 팬이 어린아이들과 뛰놀던 그때처럼 자신도 피터 팬과 같이 되기를 무의식적으로 원한다는 것이다. 그래서 일부 성인들은 스트레스를 받을 때마다 마치 어린아이처럼 유치한 행동을 하게 된다. 퇴행은 어린아이 시절로 되돌아가고자 하는 욕구 때문에 어린아이처럼 책임감이 낮아지며 이상(理想)은 높지만, 실천 능력과 의사결정 능력이 현저히 떨어진다.

성숙한 여성을 나무라는 상사가 있었다. 한참을 나무라자 그

여성이 갑자기 '메롱'하고 약을 올리듯 혀를 쑥 내밀고 난 뒤 "미안해요."라고 말한다. 상사는 그녀를 나무라다 말고 그냥 웃어버린다. 성숙한 여자가 어린아이처럼 행동하는데 귀엽기도 하고, 어처구니없기도 해서 그냥 넘어간 것이다. 그렇게 그녀는 위기를 모면했다. 또 다른 여성은 상사가 꾸중하기만 하면 손가락을 입에 넣고 잘근잘근 씹어대거나 쪽쪽 빨아대기 시작한다. 이처럼 손가락을 빠는 행위도 퇴행의 한 사례다.

## 성숙한 방어기제를 적극적으로 활용하라.

–동일시(Identification)

주변의 성공한 사람들의 방법을 타산지석(他山之石)으로 삼아 자신의 갈등을 해결하는 방법이다. 즉 자신의 욕망을 충족시키지 못할 때 성공한 다른 사람의 행동이나 방법을 그대로 모방(imitation)하여 '따라 하는 것'은 동일시(同一視, Identification)라는 기제를 사용한 것이다.

이도준 저(著) 『인생에서 가장 소중한 것은 고수에게 훔쳐라』라는 책에서도 다음과 같이 적고 있다.

> 20세기 가장 훌륭한 화가로 칭송받는 피카소는 "유능한 예술가는 모방하고 위대한 예술가는 훔친다."라고 말했다. 이 명언은 세상 아

래 새로운 것은 없으며 인류가 지금껏 만들어놓은 최고의 것을 자신의 일에 접목하는 지혜가 필요하다는 것을 말하고 있다. 이 명언을 제대로 이해하고 실천한 사람이 바로 스티브 잡스와 에디슨이다. 애플 창업주 스티브 잡스는 제록스의 그래픽 사용자 인터페이스(GUI)를 훔쳐와 매킨토시의 핵심요소로 만들었다. 그래서 그는 자기의 적들로부터 "그가 발명한 것은 아무것도 없다. 아이폰도 제록스의 기술을 훔쳤을 뿐이다."는 공격을 받기도 했다.

에디슨도 마찬가지였다. 백열전구도 윌리엄 소여, 조지프 스완 등이 에디슨보다 앞서 고안해낸 발명품이다. 에디슨은 먼저 개발된 기술에 자신이 연구한 결과물을 토대로 실용성과 상업성의 옷을 입혔다. 그는 "발명할 때 나는 나 이전의 마지막 사람이 멈추고 남겨 놓은 것에서 출발한다."는 유명한 말을 남겼다.

필자가 27년의 공직생활을 마감하기 직전 심각한 우울증에 빠진 적이 있었다. 아직 나이도 젊고 진급도 해야 하는데 여기서 마감한다는 사실 자체가 적잖이 마음에 부담을 주고 있었다. 그때 조언과 충고를 아끼지 않으며 내 곁에 머물던 사람이 떠나갔다. 두 가지 심리적 부담이 겹치자 우울증에 빠졌고 심각한 공황장애가 덮쳐왔다. 태풍 덴빈이 우리 국토를 강타하던 2012년 8월의 어느 날, 평소 교리공부를 하던 수원교구 원천동 성당의 이기수 신부를 찾아갔다. 집안에 가만히 앉아 있으면 죽을 것만 같아 종교에라도 의지하고 싶었기 때문이었다. 이 신부는 병자성사에 준해 기도해 주시고 사제관에서 음식까지 제공해 줬다. 그 기도 때문에 병세가 호전되어 불과 일주일여 만에 씻은 듯이 나았다. 그리고 이듬해 산티아고 순례에 나섰다. 800km를 아내와 둘이 걸었다. 스페인의 수호성인 성 야고보의 무덤을 찾아가는 길이었다. 산티아고 가는 길에서 인생을 되돌아 볼 여유가 생겼다. 지금은 언제 우울증이 있었냐는 듯 유쾌하고 상쾌한 삶을 즐기고 있다. 이러한 예를 적시한 것은 동일시(identification)는 주변의 성공한 사람들의 방법을 타산지석(他山之石) 화하여 자기 것으로 만드는 것이기 때문이다. 여러분들도 우울증에 걸린다면 사제를 찾아가 모든 것을 얘기하고 기도를 받든지 아니면 산티아고로 순례를 떠나든지…. 나의 성공사례를 모방하는 것이 좋을 듯하다.

갈등에 처했을 때 자신과 비슷한 갈등을 겪은 사람들의 성공사례를 찾아 그대로 모방(copying method)하는 것이 시행착오를 줄이고 갈등을 해결하는 데 가장 효율적이라는 사실을 명심했으면 한다.

또한, 자신이 어느 조직에 속하게 되었을 때 조직문화에 신속하게 동조해야 한다. 심리학에서 조직을 유지하는 기본이론으로 동조이론(同調理論)을 꼽고 있다. 자신이 속한 조직의 문화를 부정하면 갈등이 시작되고, 동조하면 그때부터 적응이 시작된다. 청소년이 군에 입대했을 경우, 과거에 자신의 집안에서 행동하던 습관을 빨리 버리고 군대문화에 동조해야 한다. 그래서 자기 자신의 습관을 조직문화로 변화시키면 갈등은 더 이상 존재하지 않게 될 것이다. 인간사회의 특성상 부적응의 바이러스는 부적응자인 자신보다 이미 적응한 주변 사람들에게 더 큰 손해를 끼치게 되기 때문이다.

### – 치환(Replacement, Transposition)

욕망하는 단위가 너무 크거나 불가능할 때 비교적 쉬운 욕망으로 바꿔 실행하는 것을 치환이라 한다. 실현 불가능한 갈등에 휩싸이는 것보다 주어진 환경에 따라 현명하게 적응하도록 만들어 주는 치환은 갈등을 줄이는 데 많은 기여를 하고 있다.

J씨는 전통 지프인 '크라이슬러 랭글러 사하라' 모델을 좋아하여 그 차를 사고 싶어 했다. 하지만 그의 형편으로는 전통모델인 지프를 사기 어려웠다. 가격도 5,740만 원이나 되었으며 주행연비도 9km/ℓ에 불과하여 기름 값이 많이 들어가는 차였다. 그는 입버릇처럼 "누군가 그 차를 사준다면 영혼이라도 팔겠다."라며 전통 지프만을 고집했다. 그러던 어느 날 J는 그것이 꿈에 불과할 뿐 결코 살 수 없다는 사실을 인식한다. 달성하지 못할 꿈이라면 실현 가능한 꿈으로 바꿔야 했다. 그는 날렵하게 빠진 현대식 지프를 사기로 했다. 값도 3,000만 원 정도로 비교적 저렴하고 국산이라 언제든 고장수리가 가능했으며 할부로 3년만 고생하면 되었다. J는 자신의 목표를 하향 조정함으로써 다시는 갈등 속에 고민하지 않아도 되었다.

크라이슬러 랭글러 지프를 국산 지프로 대체함으로써 갈등을 극복한 사례다.

치환은 욕망의 단위를 하향 조정하거나 처지를 바꿔 생각해 봄으로써 갈등을 최소화하는 방어기제다. 갈등상황이 발생했을 때 영어단어 'replacement'에 걸맞게 자신의 처지를 타인의 처지로 대체해서 생각해 보는 것도 갈등을 해결하는 데 있어 좋은 방어기제가 된다. 우리는 누구나 자신의 입장에서 먼저 생각하게 된다. 자신의 처지와 다른 견해를 보이는 사람에게는 과감한 비난과 질책을 가한다. 그러나 상대방과 자신의 처지를 바꿔 생각해 보라. 상대방의 입장에서 생각해 보고, 그를 이해하고 배려하는 마음이 있다면 세상의 다툼은 현저히 줄어들 것이다.

가수 김건모의 '핑계' 가사를 예로 들어보자. "지금도 이해할 수 없는 그 얘기로 넌 핑계를 대고 있어. 내게 그런 핑계 대지 마. 입장 바꿔 생각해봐. 네가 지금 나라면 넌 웃을 수 있니? 혼자 남는 법을 내게 가르쳐 준다며 농담처럼 진담인 듯 건넨 그 한마디. 안개꽃 한 다발 속에 숨겨둔 편지엔 안녕이란 두 글자만 깊게 새겨 있어. 이렇게 쉽게 네가 날 떠날 줄은 몰랐어……"

자신의 처지만 내세워 안녕이란 두 글자를 남기고 떠나버린 사람에 대해 어떻게 내가 이별을 받아들일 수 있겠느냐며 처지를 바꿔 한 번 생각해 보라는 노래다. 아마 떠나버린 연인이 상대방과 처지를 바꿔 한 번 더 생각해 봤더라면 그렇게 쉽게 이별은 하지 않았을 것이다.

갈등이 고조되기 시작하면 한 번 더 이성적으로 생각해 봐야 한다. 특히 상대방의 처지를 이해하기 위해 그와 나의 상황을 바꿔 생각해 보는 것(transposition)이 갈등관리에 있어 가장 중요한 요소 중 하나다. '입장을 바꿔 생각해 보자!'는 역지사지(易地思之)라는 말도 있지 않은가.

### －보상(Compensation)

칭찬은 고래도 춤추게 한다. 칭찬은 주변의 정서적 지지를 나타내는 말로 자아 효능감 증대에 크게 이바지하게 된다. 어떤 사람이 부여된 과업을 일부나마 성공했다면 그에 따른 보상을 해야 한다. 자본주의 하에서 보상은 주로 물질적으로 이뤄진다고 생각하지만, 인간의 두뇌는 물질뿐만 아니라 감성적 보상에도 민감하게 반응한다. 훌륭한 리더는 격려와 칭찬에 인색하지 않다.

> S기업의 K사장은 사원들이 성과를 내면 의례적으로 금전적인 보상을 하곤 했다. 기업이 추구하는 바는 이윤이기 때문에 성과에 대한 보상도 물질적 보상이었다. 사원들은 처음에는 경제적 보상에 만족하여 열심히 일하기 시작했다. 그러나 성과가 날 때마다 사장은

돈을 조금 쥐어 주면 자신이 할 일을 다 했다며 사원들을 채근하곤 하였다. 그때부터 사원들은 모든 업무를 돈과 결부시켰다. 대표에 대한 존경심도, 동료 간의 끈끈한 우정도 돈 앞에 무릎을 꿇었다. 경제상황이 악화되자 S기업은 사세가 기울어 갔다. 일치단결하여 위기를 타개할 것이라는 K사장의 기대는 물거품이 되었다. 사원들은 한결같이 돈만 추구했기 때문에 더는 기업에 남아 있을 이유가 없었다. 망하는 것은 한순간이었다.

반면, H법인의 J대표는 직원들을 인간적으로 대했다. 이윤이 별로 나지 않는 법인이었기 때문에 성과가 있을 때마다 격려와 칭찬으로 심리적 보상을 해 주곤 하였다. 그리고 끈끈한 유대관계를 형성하여 인간 냄새가 물씬 풍기는 사무실 분위기를 조성하였다. 그렇다고 경제적 보상에 인색한 것은 아니었다. 법인을 운영하는 범위 내에서 조금씩 이윤을 분배하는 형식을 취했으나 결코 돈이 전부가 아니라는 태도를 취했다. 대표와 직원들은 농담, 차 같이 마시기, 식사 같이하기 등으로 격의 없는 관계가 형성되었다. 대표는 직원들의 후견인이 되었다. S기업과 같은 경제적 위기가 도래하였지만 직원들은 봉급을 받지 않으면서 법인 살리기에 나섰다.

경제적 보상은 파급영향이 크지만, 효과는 일시적이다. 그러나 심리적·감성적 보상은 잔잔한 효과가 비교적 오래간다. 친한 친구의 우정이 오래가듯이 가진 것이 없는 보통사람이라면 그저 '잘한다.'는 칭찬과 격려 한 마디로 상대와의 갈등을 회피하는 것이 바람직하다. 돈 드는 일이 아니지 않은가! 그렇다고 경제적 보상을 하지 말라는 말은 아니다. 경제적인 것과 심리적인 것이 조화를 이루면 더욱 좋다.

갈등을 줄이기 위해서는 칭찬하는 가운데 적절히 단점을 지적하면 효과적이다. 예를 들어 아침마다 지각하는 부하 직원에게 "전 과장은 정말 일을 잘해. 일단 맡긴 일은 신속하게 처리해서 좋다니까. 그런데 아침에 조금만 일찍 나온다면 더 좋을 거야. 내가 일찍 출근하면 가장 먼저 일을 시키고 싶은 사람이 전 과장이니까. 그만큼 전 과장이 일을 잘해서 그래."라는 식으로. 그도 기분 좋고 나도 할 말 다했으니 좋은 것 아닌가.

### –승화(Sublimation)

승화는 자연과학적 측면에서 본다면 고체가 액체 상태를 거치지 않고 곧바로 기체로 증발하는 현상을 가리킨다. 그러나 정신분석적 측면에서 본다면, 승화는 (심리과정을 의미하는 것으로) 본능적 목표와 행위를 더욱 더 큰 사회적 가치를 추구하는 비본능적 정신에너지 형태로 변화시킨다. 다른 말로 간단히 표현하자면, 자신의 갈등을 내면화해 보다 높은 가치를 지향하는 것을 말한다.

지난 1994년 성수대교 붕괴사고로 목숨을 잃은 서울교대 3학년 이승영 씨, 어머니 김영순 씨는 딸이 세상을 떠났다는 사실을 받아들일 수 없었다. 눈물을 흘리며 죽은 딸의 책상을 정리하던 어머니는 딸아이의 일기장을 발견하게 된다. 그 일기장에는 대학에 진학하고 난 이후 자신이 하고 싶은 일들을 적어놓은 소위 버킷리스트(Bucket list)가 있었다. "1996년 여름방학 때는 유럽으로 1달 동안 배낭여행을 가고, 다음 해에는 필리핀에 해비타트 봉사활동을 가서 집 없는 이를 위한 집을 지어주고, 강원도 오지에 도서관을 만들고…" 등등 14가지의 소원이 적혀 있었다. 소리 없이 일기장을 바라보던 어머니의 눈에서 두 줄기 눈물이 흘러내렸다. 그 슬픔을 내면화해 딸이 바라던 버킷리스트를 자신이 완성하기로 마음먹었다. 자신의 갈등을 내면화해 보다 높은 가치를 추구하는 승화라는 방어기제를 사용한 것이다. 슬픔에서 벗어난 어머니는 자신의 삶이 행복하게 변화되는 것을 느꼈다.

지난 2015년 1월 2일 자 조선닷컴(chosun.con)에 실린 '슬픔을 이겨낸 어머니의 사랑'이라는 기사 내용을 읽어보자.

> 얼마 전 우즈베키스탄에 국제전화를 걸었다. "여보세요." 긴 발신음 끝에 수화기 너머로 들려온 차분한 목소리의 주인공은 6년째 그곳에 살며 봉사활동을 하는 김영순(67) 씨다. 그는 1994년 10월 성수대교 붕괴 참사로 숨진 당시 서울교대 3학년 이승영 씨의 어머니다. 군인 남편이 과로사한 뒤 딸마저 떠나보낸 그는 승영 씨의 사고 보상금 2억 5천만 원을 전액 맡겨 '승영장학금'을 만들었다.

장학금을 만드는 건 딸이 일기장에 남긴 '평생 하고 싶은 일 14가지' 중 하나였다. 김 씨는 이후 15년간 딸의 나머지 소원들도 하나하나 실현했다. '강원도에 이동도서관을 만든다.'는 소원은 승영장학회가 강원도 한 포병부대에 전천후 이동도서관 차량을 기증하면서 이뤄졌다. 시신 수습이 늦어져 하지 못한 '장기 기증'의 꿈은? 김 씨가 딸의 시신을 한 의과대학에 해부 실습용으로 기증했다. 그리고 그는 2009년 외아들을 남겨두고 우즈베키스탄으로 떠났다. 그저 '눈 감는 날까지 나보다 힘든 누군가를 위해 봉사하다 가겠다.'는 마음에서였다.

지금껏 인터뷰를 마다해온 김 씨를 꼭 만나고 싶었다. 그곳까지 찾아가겠다는 기자의 말에 그는 이번에도 "정말 죄송하다."고 했다. "대단한 일을 한 것도 아니고, 그냥 이대로 하루하루 사는 게 승영이 뜻 같아요."

대단한 일이 아니라 했지만, 그가 만든 승영장학금은 가난한 신학대학원생 89명의 빛이 됐다. 지금은 목사와 전도사가 된 그들은 전국 각지에서 저마다 어려운 이웃을 위해 묵묵히 봉사하고 있다. 오갈 데 없는 노인들을 위해 무료 급식을 하고, 경기도 용인에 작은 요양원까지 만든 최만재(58) 목사도 그중 한 명이다. 그는 "승영 씨 어머니가 장학금을 만든 것처럼 승영 씨 소원 중 '복지마을을 만든다.'는 꿈은 내가 대신 이뤄주고 싶었을 뿐이다."고 말했다. 누나가 숨졌을 때 고3이던 승영 씨 동생 이상엽(39) 씨도 '네 아이 중 둘은 입양하고 싶다.'던 누나를 대신해 두 아이를 입양했다.

–도움 요청(Asking) 및 배려(attention)

갈등을 해결하는 방법 중 하나는 자기 자신의 심리적 상처를 인식하고 '자신이 부족하다.'는 것을 인식하는 데서부터 시작한다. 그리하여 자신이 신뢰하는 사람과 자신의 갈등에 대해 대화하며, 아픔을 공유하고, 마음을 평정을 찾아 그 갈등의 해결책을 모색할 수 있다면 그 자신은 행복한 사람이다. 정글의 법칙이 적용되는 자본주의 구조 탓에 경쟁과 갈등관계에서 자유로운 친구가 우리 사회에 별로 없다. 그러므로 주위에 도움을 요청할만한 사람도 없다. 그런데 시각을 바꿔 주위를 둘러보면 자신의 갈등과 유사한 갈등을 겪은 사람들이 뜻밖에 많음을 알 수 있다. 내가 힘들면 남도 힘들고, 남이 힘들면 나도 힘들다. 서로 비슷한 처지에 있는 사람들은 누군가 도움을 요청하면 흔쾌히 도와준다. 그러므로 자신이 힘들 때 타인에게 도움을 요청하는 데 주저하지 말자. 혼자만 갈등하고 힘들어하지 말고 주변에 도와줄 것을 부탁해 보자.

S대학 김예림 교수는 2015년 여름 어느 부대에서 인성특강을 하고 있었다. 부사관학교를 갓 졸업하고 부대 배치를 마친 한 여군 부사관이 특강을 경청하고 있었다. 인성특강을 진행하던 김 교수는 군 간부들에게 질문을 던졌다. "지금 가장 하고 싶은 일이 무엇입니까?" 군 간부 누구도 지금 가장 하고 싶은 일을 즉각 대답하지 못하고 머뭇거

리고 있었다. 그때였다. 갓 부사관학교를 마치고 하사로 임관한 여군 부사관이 손을 번쩍 들었다. "어머니가 너무 그리워요. 당장 보고 싶어요." 이미 그녀의 눈가는 촉촉이 젖어 있었다. 그날 저녁 김 교수는 특강을 끝내고 해당 부대 여단장을 비롯해 참모 몇 명과 저녁식사를 하게 되었다. "여단장님! 이번 인성특강이 40시간이나 진행되는데 교육이 끝나면 가장 학습태도가 좋은 초급간부 한 명을 선정할 테니 며칠만 특별휴가를 주시면 안 되겠어요?" 김 교수의 말에 인자한 여단장은 즉시 그러겠다고 허락했다. 탈영까지 생각날 정도로 어머니가 보고 싶다던 여군 부사관은 인성교육이 종료된 뒤 어머니의 품에 와락 안길 수 있었다.

또한, 다른 사람들과 잘 어울려 사는 최고의 방법은 배려(attention)이다. 영어의 어텐션(attention)은 남을 배려하고 돌봐주기 위해 주의를 집중한다는 의미가 있다. 무슨 일이든 내가 조금 손해 본다는 생각으로 살면 남과 다툴 일이 없다. 어떠한 일이 발생할 때마다 남 탓을 해 댄다면 결코 갈등을 극복할 수 없다. 그런 면에서 "제 탓이요, 제 탓이요, 저의 큰 탓이옵니다."라고 고백의 기도를 올리는 가톨릭 신자들의 기도문은 우리에게 시사하는 바가 크다.

## 04
# 분노조절 비법은?

### 분노는 생존하기 위한 공격신호다.

분노는 불편한 감정이기도 하지만, 인간이 위기에 처했을 때 생존하기 위해 공격적인 행동을 일으키게 하는 감정의 신호이기도 하다. 분노가 전혀 없다면 타 종족의 공격에 속수무책 당할 수밖에 없을 것이며, 자신과 가족들을 지키기 위해 분연히 떨쳐 일어날 수도 없을 것이기 때문이다. 외부로부터의 위협이라는 공포에 대한 방어기제가 도전(fight)과 회피(flight) 형식으로 나타나기도 한다. 이때 도전의 한 형태로 나타나는 것이 분노다. 그러므로 때로는 적절한 분노가 인간 삶의 필수적 요소로 사용되기도 한다. 이와 같은 긍정적 인식에서부터 분노조절을 시작해야 한다.

우리 뇌의 편도체(amygdaloid body)는 귀 안쪽인 측두엽 깊숙이 자리잡고 있으며 기억과 감정을 하나로 묶어서 저장하는 역할을 담당한다. 주로 기억을 담당하는 해마 앞쪽에 붙어 있는 아몬드 모양의 편도체는 두려움에 대한 공포반응을 뇌의 다른 부분에 전달하여 외부에서 들어온 정보가 나를 위협하는지를 점검하도록 만든다.

예를 들어 호랑이가 내 앞에 나타났다고 가정해 보자. 호랑이는 분명히 나를 위협할 것이므로 편도체가 활성화되어 스트레스 호르몬인 아드레날린(adrenaline)과 코르티솔(cortisol)을 분비한다. 이때 나의 심장박동은 증가하고 근육이 강직되어 빠르게 도망칠 수 있게 해 준다. 그런데 활성화된 편도체가 또 다른 2차, 3차의 부정적인 기억과 감정을 가져오게 되면 다시 반복적으로 스트레스 호르몬이 파도처럼 밀려오면서 두려움은 마침내 분노로 전환된다.

그러나 지금은 과거처럼 신체적 위협에 시달리는 경우가 줄어든 반면, 정서적 폭력에 빈번히 노출된다. 정서적 폭력은 어찌 보면 신체적 위협보다 더 심각한 정신적 폐해를 유발한다. 그래서 많은 사람들이 과거보다 더 빈번하게 분노를 터트리는 것이다. 억눌린 감정의 누적이 분노를 일으킨다는 이야기다. 그렇다고 함부로 분노를 표출하면 인간사회는 온통 폭력과 혼란에 휩싸일 것이다. 분노를 느낄 때 말과 행동이 과격하게 터져 나오면 안 되는 이유가 거기에 있다.

우리나라 성인 절반가량이 분노조절이 어렵다는 사실은 정신적 스트레스가 많은 도시에서 살고 있는 데 따른 부작용이다. 정신적 고통이나 충격을 받고 난 이후 어떤 사람들에게는 부당함, 모멸감, 좌절감, 무력감 등이 빈번히 나타날 뿐만 아니라 부당하다는 믿음에 근거한 증오와 분노의 감정상태가 오랫동안 지속되는 경우가 있다. 이를 분노조절장애라 부른다. 분노조절장애는 외상 후 격분장애(post-traumatic embitterment disorder)의 다른 말이다.

분노조절장애는 충동적 분노폭발형과 습관적 분노폭발형이 있다. 충동적 분노폭발형은 충동적으로 다혈질적인 성격을 말하며, 습관적 분노폭발형은 자신의 의사를 분노로 표현하는 것이 효과적이라고 인지하는 것을 말한다. 물론 유전적으로 분노조절장애를 타고난 사람도 있긴 하지만 여기서는 후천적인 분노조절장애를 다루기로 한다.

2015년 3월호 <레이디 경향>에 소개된 분노조절장애 자가 진단법을 여기에 소개해 보기로 한다. 각자 자신의 분노조절능력이 어느 정도인지를 알아보는 것도 좋을 것이다.

### 분노조절장애 자가진단 테스트[4)]

1. 하는 일이 잘 풀리지 않으면 쉽게 포기하고 좌절감을 느낀다.
2. 성격이 급해서 금방 흥분하는 편이다.
3. 타인의 잘못을 그냥 넘기지 못하고 문제를 일으킨다.
4. 내가 한 일이 잘한 일이라면 반드시 인정을 받아야 하고, 인정받지 못하면 화가 난다.
5. 다른 사람들이 나를 무시하는 것 같고 억울하다는 생각을 자주 한다.
6. 화가 나면 주변의 물건을 집어던진다.
7. 중요한 일을 앞두고 화가 나 그 일을 망친 경험이 있다.
8. 내 잘못을 다른 사람의 탓으로 돌리며 화를 낸다.
9. 화가 나면 쉽게 풀리지 않아 우는 경우가 종종 있다.
10. 게임을 할 때 의도대로 되지 않으면 쉽게 화가 난다.
11. 화가 나면 상대방에게 거친 말과 함께 폭력을 행사하기도 한다.
12. 분노의 감정을 어찌할지 몰라 당황한 적이 있다.

위의 12개 문항 중 3개 이하에 해당할 경우는 분노조절 능력이 가능한 단계이며, 4~8개에 해당하면 분노조절 능력이 조금 부족한 상태이고, 만약 9개 이상이면 분노조절을 하지 못하는 단계로 전문의와의 상담이 필요하다.

---

4) http://lady.khan.co.kr/khlady.html?mode=view&code=14&artid=201503061626491&pt=nv

## 분노가 치밀 때는 잠시 현장을 떠나라.

심리적인 안정을 지키는 것이 가장 우선적인 해결책이다. 화가 가득 차 있는 상태에서는 바른 판단을 내리기가 어렵다. 그래서 분노를 느끼는 상황에서는 깊게 심호흡을 하면서 마음을 누그러뜨린 다음 가능한 한 재빨리 그곳을 벗어나는 것이 일시적인 분노 해소에 좋은 방법이다. 누군가 도발적인 발언으로 화를 내도록 한다면 그 즉시 대응하지 말고 잠시 현장에서 벗어나 차분히 생각할 여유를 갖는 것이 좋다. 분노를 유발하는 호르몬은 15초 내에 최고점을 찍고 천천히 분해되기 때문이다.

분노가 치밀 당시에는 우리 뇌의 편도체가 과잉 활성화되어 이성을 좌우하는 전두엽이 통제권을 상실하게 된다. 이런 상태에서는 합리적이고 논리적인 생각을 할 수 없게 되는 것은 당연하다. 우리 뇌의 특성을 이해한다면 화가 난 상태에서는 우선 자리를 뜨고 보는 것이 상책이다.

## 화를 내면 손해라는 생각을 하라.

나의 아내는 현명하다. 내가 화가 나서 큰소리를 치면 아무 대응도 하지 않고 하루 이틀 말을 하지 않는다. 결국, 답답해진 내가 먼저 두 손 두 발 다 들고 만다. 그리고 아내의 화를 삭여주려고 백화점으로 직행한다. 그리고 옷 한 벌 사준다. 그래야 아내가 다시 말문을 열기 시작하기 때문이다. 그러다 보니 내가 화 한 번 내면 최소한 30만 원 이상이 날아간다. 화 한 번에 30만 원이니 화를 내려다가도 다시 한 번 생각한다. 화를 내지 않는 것이 이익이니 그냥 참는다.

우리는 일반적으로 화를 낸 뒤 아무런 사과도 하지 않고 그냥 시간만 보내는 경우가 허다하다. 그럴 때마다 아내는 참고 지내려니 속이 문드러진다. 결국, 아내는 화병이 나고 만다. 화병을 치료하기 위해 병원에 다니면 그도 역시 치료비가 만만치 않다. 또한, 화를 참지 못하고 주변의 물건을 집어던져 깨뜨린다면 어떻게 되겠는가. 결국, 화가 풀리면 물건을 다시 사야 한다. 화를 내면 나만 손해다. 화를 내서 이익을 보는 일도 있지만, 십중팔구는 손해 본다. 손해 보는 화를 왜 내는가?

## 차분하게 적극적으로 대응하라.

상대방이 나를 화나게 했다고 해서 곧바로 똑같이 공격적 언사를 사용하지 말고 나 자신을 해명할 수 있는 적극적 대응을 하는 것이 바람직하다. 표현을 하는 데 있어 "너의 지적은 참 좋아. 그런데 이러한 부분은 나에게 맞지 않아."라는 식으로 먼저 상대를 칭찬하여 그의 마음을 변경시킨 뒤 자신의 논지를 일목요연하게 말해야 한다. 상대방에게 '지금의 당신도 좋은데 이렇게 하면 더 좋은 사람이 될 것'이라는 의미로 역공을 펼치는 방법이다. 중요한 점은 상대가 화를 내고 있을 때 즉각적인 반격을 가하지 말라는 것이다. 상대방의 편도체가 흥분상태에서 벗어나기 시작할 즈음인 1분 정도 시간이 흐른 뒤 차분하게 논리를 전개하는 것이 유리한 상황을 조성해 나갈 수 있기 때문이다. 분노를 참고 마음 안에 쌓아두다 보면 언젠가는 곪아 터진다. 그때는 걷잡을 수 없는 상태가 된다. 그러니 적극적이되 공격적인 언사를 피하는 화법으로 자신의 논리를 표출한다면 흥분된 감정을 누그러뜨리는 데 상당한 도움이 될 것이다.

자신의 논리를 펼칠 때는 절대 큰 소리로 얘기하지 말고 목소리를 낮춰 차근차근 풀어나가는 것이 좋다.

## 입장 바꿔 생각해 보자.

자신이 화가 난 책임은 전적으로 상대방에게 있다고 생각하는 데서 화가 난다. 이때 한 발짝 물러서는 여유를 가져야 한다. 상대방의 상황이 아무리 생각해도 수긍되지 않을 때 가장 좋은 방법은 상대방의 처지를 경청하는 것이다. 당사자가 말하는 이유를 직접 듣고 판단하는 것이 가장 명쾌한 해답이 될 수 있기 때문이다.

모든 사람이 내가 생각하는 것과 같이 생각하지는 않는다. 내가 생각하는 것이 정답은 아니다. 나와 생각이 다르다고 해서 화를 내고, 내 처지에서 상대를 열심히 설득한다고 해서 그 사람 생각이 바뀌겠는가? 절대 그런 일은 일어나지 않는다. 그래서 '그런 사람도 있구나!'라고 생각하고 그냥 지나치는 마음을 가져보자. 또한, 갈등관리 방어기제인 치환(transposition)에서 설명했듯 역지사지(易地思之)라는 사자성어처럼 상대방의 상황에서 생각해 보는 관대함을 가져야 한다. 배려가 최선의 방책이다.

아들과 딸을 둔 한 어머니가 있었다. 어머니는 며느리가 추석이나 설 명절 때에 일찍 시댁에 오지 않고 빈둥대다 명절 당일에야 와서 음식만 먹고 가버린다고 화를 내곤 하였다. 그런저런 일로 인해 고부갈등(姑婦葛藤)은 깊어만 갔다. 그런데 그 어머니의 딸이 다른 집으로 시집을 가게 되었다. 어머니는 자신의 딸이 시댁에서 편하게 지내기를 원했다. 딸은 명절날 시댁에 가기보다는 친정으로 곧장 달려왔고, 그 때문에 남편과의 갈등이 빚어졌다. 그런데 어머니는 자신의 딸을 나무라기보다는 오히려 옹호하곤 하였다. 그 어머니는 같은 상황이 펼쳐졌는데도 며느리에게는 한없이 혹독하게, 딸에게는 한없이 인자하게 평가하는 이중 잣대를 사용한 것이다. 그 어머니가 며느리와 딸의 처지를 바꿔 생각해 봤더라면…. 그렇게 하고서도 며느리를 타박하며 화를 낼 수 있었을까?

## 분노는 자신의 선택이다.

화가 나거나 분노가 치밀어 오를 때면 분노 자체를 정확히 파악하기 위해 생각하는 연습이 필요하다. 분노를 관장하는 편도체가 흥분됐다 할지라도 대부분은 이성적 판단을 담당하는 뇌(腦)의 전두엽이 완벽하게 기능을 상실하지는 않는다. 따라서 자신의 분노 자체를 통제하는 훈련이 요구된다. 상대방의 책임을 묻기보다는 '상대방이 잘못했을지라도 나만은 이성을 찾자.'는 형태의 생각법(法)을 선택하자. 신중히 생각해 봤는데도 화를 내야 한다면 당연히 화를 내야 한다. 그러나 화가 폭발하기 직전, 화를 낼지 참아야 할지를 자신이 선택할 수 있다는 사실을 명심해야 한다. 보편적으로는 가능한 한 참고 인내하는 편이 낫다.

그런데 어떤 사람은 좀처럼 화를 내지 않는다. 화가 났는데도 표출하지 않기 때문에 상대방이 화가 났는지 그렇지 않은지를 전혀 알 수 없다. 이러한 유형은 위급한 상황에 직면했을 때 과감히 맞서는 도전(fight)보다는 회피(flight)를 선택한 것이다. 때로는 회피형이 합리적일 때가 있다. 그러나 너무 많이 참다 보면 속으로 곪아 터진다. 회피형에 속하는 사람은 화를 적절하게 표현하는 법을 익히는 것이 바람직하다. 격노하는 모습보다는 토라진 듯한 표정으로 자신의 논리를 또박또박 얘기하는 훈련이 필요하다는 의미다.

| 제3장 |

# 긍정적 삶 유지 방법

# 01
# 행동이 가장 중요해

## 긍정적 마음의 토대는 행동과 실천이다.

행복해지고 싶다면 긍정적인 마음을 가져야 한다. 긍정적으로 변화하기 위해서는 우리 주변의 작은 일부터 변화시켜야 한다. 그러기 위해서는 행동에 옮기는 자세가 필요하다. 자신이 나태하고 게으르다면, 부지런하게 움직이며 공부하는 습관을 창조해내야 한다. 자신의 의지력이 박약하여 변화를 위한 노력과 시간을 투자하지 않는다면 결코 행복해질 수 없다. 행동으로 실천한 작은 변화는 삶에 큰 변화를 동반하기도 한다.

1963년 기상학자인 에드워드 로렌츠(Edward N. Lorenz)가 처음 주장한 나비효과(Butterfly effect)는 아마존 강 열대우림에 사는 나비의 날갯짓이 2주 후에는 미국 텍사스 주에 폭풍우를 동반한 강력한 자연재해를 일으킬 수도 있다는 이론이다. 나비의 날개가 한 번 펄럭이면 주변 공기에 미세한 파문을 일으키고, 이 파문은 지속적으로 연쇄반응을 일으켜 나중에 거대한 변화를 불러일으킬 수 있다는 것이다.

> 지난 2016년 8월 10일의 일이다. 펜싱 에페 경기가 브라질 리우 올림픽경기장에서 진행되고 있었다. 이때 대한민국 펜싱 대표팀의 막내 박상영은 무려 4점 차로 뒤진 상황에서 모두가 불가능하다고 생각할 때 "난 할 수 있다.", "할 수 있다.", "할 수 있다."라고 되뇌면서 마음을 다잡고 반격을 준비하였다. 펜싱 에페에서 10-14는 회복 불능에 가까운 숫자지만 47초 동안 무려 5점을 몰아치며 15-14로 승리를 거머쥐었다. 그는 펜싱 경기장 위에서 마스크를 벗어 던지고 포효했다. 대역전극이 완성된 것이다. 펜싱 사상 최고의 역전극이었다. 이처럼 긍정의 힘은 실로 위대하다. 그러나 여기에도 긍정 플러스 행동이라는 공식이 적용되었다. 그동안 갈고 닦은 필살기 '날아 찌르기'로 5점을 연속 얻으며 영화 같은 역전에 성공한 것이다. 그가 과감한 공격적 행동을 실천하지 않았더라면 승리의 행복은 결코 맛볼 수 없었으리라.

'천 리 길도 한 걸음부터'라는 우리 옛말처럼 작은 변화로부터 시작해야 한다. 하지만 생각만 변화해서는 어느 것도 이룰 수 없다. 행동이 뒤따라야 한다.

## 생각날 때 즉시 실행하라.

우리 속담에 '시작이 반이다.'라는 말이 있다. 어떤 일을 계획했을 때 실천에 옮기기가 그만큼 어렵다는 의미일 것이다. 변화하기로 결정했다면 때를 기다리기보다는 조그마한 일이라도 즉시 행동에 옮겨야 한다. 설령 억지로 행동했다고 할지라도 그것을 지속하면 습관이 돼 나중에는 생활의 변화를 추구할 수 있다. 행복의 기준선은 항상 변한다. 그러므로 실천을 통해 행복을 찾아가야 한다. 그렇게 한다면 행복은 우리 곁에 머무를 것이다. 가장 실천하기 좋은 때는 바로 지금이다.

2015년 12월의 일이다. 평교수로 학문만 연구하던 나에게 새로운 보직이 맡겼다. 그 뒤부터 너무도 바쁜 나날이 지속되었다. 학문적 연구와 대학 운영에 관한 일을 동시에 처리하다 보니 집에 들어가면 그냥 쓰러지기 일쑤였다. 그때 아내가 나에게 침대의 위치를 바꿔보고 싶다고 말했으나 움직이기 싫어 그냥 놔두었다. 아내는 언제 침대 위치가 바뀌나 기다렸으나 하릴없이 시간만 흘렀고, 직접 위치를 바꿔보고 싶었지만, 힘에 부쳐 옮기지 못했다고 한다. 어느 날 소파에 비스듬히 기대어 있던 나는 아내의 말이 불현듯 떠올랐다. 그때가 저녁 11시 30분을 훌쩍 넘어선 자정에 가까운 시간이었다. 나는 단 일 초의 망설임도 없이 벌떡 일어섰다. 그리고 침대를 아내가 원하는 곳에 배치를 완료한 뒤 잠이 들어버렸다. 다음 날 아침 아내는 만족했는지 연신 "어쩐 일이야? 갑자기 침대를 다 옮겨주고….”라고 말하며 행복해했다. 아내가 행복해하니 나도 행복해짐을 느꼈다. 사소한 실천이 나와 주변 사람을 행복하게 만든다. 생각날 때 주저하지 말고 즉시 실행에 옮기는 실천력이 필요하다. “내일 하지. 나중에 하지.”라는 생각으로 그날 나는 침대를 옮기지 않았더라면 아마도 침대는 영원히 그 자리를 지켰을 것이다.

## 행동을 습관으로 만들어라.

생활 태도를 변화시키려 아무리 노력해도 그에 따른 적절한 행동이 없다면 항상 계획과 생각만 존재할 뿐 어떠한 변화도 이끌어 낼 수 없다. 무슨 일을 하든지 지름길은 없다는 이치를 깨달은 사람은 드물다. 요즘 영어 정복의 지름길, 수학 완전정복의 지름길 등등 숱한 문구들이 주위를 맴돈다. 하지만 영어를 정복하거나 다른 일들을 성사시키는 비결은 열정과 성실성에서 비롯된다. 나태하고 게으른 태도를 하루아침에 행동과 실천이 동반된 부지런한 모습으로 변화시킬 수는 없다. 또한, 행동하고 실천한다고 해서 즉시 행복해지는 것도 아니다. 행복해지기까지는 부단한 노력과 실천이 뒤따라야 하기 때문이다. 행복해지기 위해서는 행복에 이르는 조건들을 습관처럼 반복하게 만들어야 한다. 노력하는 습관, 예의 바른 습관, 운동하는 습관을 만들기 위해서는 뼈를 깎는 반복적인 훈련이 필요하다.

어린아이들이 처음에는 엄마의 모유를 먹고 자란다. 어느 정도 성장하면 밥을 먹이게 되는데 대부분의 아이가 처음에는 밥 먹기를 싫어한다. 밥을 흘리기도 하고, 김치를 먹지도 않으며, 숟가락을 들이밀면 아예 고개를 돌려버리기도 한다. 그러나 끊임없이 밥을 먹게 하면 밥 먹는 것이 습관이 되어 나중에는 저절로 밥을 먹는다. 걷는 것도 마찬가지다. 뒤뚱뒤뚱 넘어질 듯 걷지만 계속 걷는 연습을 하다 보면 습관으로 굳어져 걸어가는 데 아무런 힘도 들지 않는다. 이처럼 행동을 습관으로 정착시키려는 훈련이 필요하다. 아울러 행복해지는 방법도 훈련을 통해 습관으로 만든다면 행복은 우리 곁에 오래도록 머물 것이다.

탈 벤 샤하르(Tal Ben Shahar) 박사는 아무리 힘들고 어려운 행동일지라도 대략 21일에서 30일 정도만 지속한다면 우리 몸에 정착시키는 데 별 무리가 없다고 주장한다. 행동심리학에서도 3주 이상 반복적으로 지속하면 몸에 익히게 되고, 3개월을 지속적으로 반복하면 안정적인 습관으로 변화된다고 지적하고 있다. 행동하지 않고 정해진 테두리 안에서 다람쥐 쳇바퀴 돌 듯 생각만 한다면 영원히 제자리를 맴돌 것이고, 행동으로 실천하여 긍정적 심리상태를 갖게 된다면 행복에 이르는 길은 그만큼 더 단축될 것이다.

## 02
# 자아를 실현해야

### 믿음을 보내라.

타인과의 비교는 행복을 망치는 길이다. 사람마다 생각이 다르겠지만, 대부분의 사람은 돈이나 지위를 갖는 게 행복이라 생각하고, 남과의 비교를 통해 열등감이나 우월감을 드러내기도 한다. 사람은 각자 개성과 특성이 있다. 그래서 남과 비교하기보다는 각자의 특성을 고려한 믿음을 갖는 것이 중요하다. 개개인이 지닌 특성 그대로 사랑받는 것이 행복이기 때문이다.

자신이 하고자 하는 의식을 신념으로 고정하기 위해서는 자신이 왜 그렇게 해야 하는지 동기(motivation)를 찾아야 한다. 동기를 찾아 일관성(consistency) 있게 추진한다면 결국은 신념으로 내재화되어 행복과 평화를 찾아가는 지름길이 될 것이다. 의식이라는 것은 참으로 중요하다. 의식이 확고할 때 행동도 변화하기 마련이다. 의식이 발전하여 신념으로 굳어지면 그만큼 자아를 실현하는 데 도움이 된다. 스스로 포기하지 않고 신념으로 똘똘 뭉쳐 행동한다면 불가능할 것 같은 목표도 달성하고야 마는 성과를 도출해 낼 수 있다.

S대학 J교수의 일화를 예로 들어보자. 고교 2학년 때의 일이다. 어느 날 저녁 어머니에게 책을 산다고 거짓말을 하여 돈을 받았다. 그 돈으로 그날 밤 몰래 영화관에 가서 영화를 볼 계획이었다. 그런데 막상 돈을 챙겨 밖으로 나가려는데 어머니께서 마루에 걸터앉아 누룽지를 먹고 있었다. 가난한 집 사정 때문에 그의 어머니는 자식에게는 쌀밥을 챙겨주고 자신은 솥에 눌어붙은 누룽지에 물을 부어 끓여서 한 끼 저녁 식사를 해결하고 있었던 것이다. 그날 밤 그는 영화를 보는 내내 어머니의 식사가 마음에 걸렸다. 영화 내용이 무엇인지 기억도 나지 않았다. 그 뒤 그는 영화비로 사용해 버린 책값을 신문배달로 벌었다. 그리고 책을 사서 공부하기 시작했다. 어머니의 초라한 모습 때문에 새로운 동기가 부여된 것이다. 공부하기 싫어도 공부를 해야 했다. 나태해질 때면 의도적으로 어머니의 모습을 머리에 떠올렸다. 그러다보니 공부가 습관이 돼 버렸다. 공부하지 않으면 왠지 허전하고 불안하기까지 하였다. 어느덧 수학은 자타가 공인하는 수준까지 도달했으나 영어만큼은 제대로 되지 않았다. 그는 자신에 대한 확고한 믿음을 갖고 다음 목표를 영어로 선택했다. 그래서 가장 못 하는 과목인 영어를 정복하기 위해 대학 진학은 영어영문학과로 정했다. 당시 누구도 그가 대학에 갈 것이라고 기대

하지 않았다. 그저 불량기 가득한 학생으로만 생각했었다. 그런데도 불구하고 공부를 해야 된다는 동기 부여와 일관된 행동으로 그는 목표를 달성하고 오늘의 그 사람으로 성장하였다.

어느 한 여고생은 교사가 자신을 인정해 주는 것이 좋아서 그 교사가 담당하는 과목을 열심히 공부해 인정을 받았다고 한다. 그 교사가 가르치는 과목은 수학으로 그녀가 결코 좋아하는 과목이 아니었다. 반면 공부하기 쉬운 암기과목을 가르치는 교사는 수업시간마다 주변상황을 비판만 하고 매사를 부정적으로 대하며 그녀를 인정해 주지 않았다. 그녀의 그 과목 성적은 최하위였다. 이처럼 교사의 관심은 학생들을 변화시킬 수 있었다. 직장생활도 마찬가지다. 윗사람이 아랫사람을 믿고 신뢰하면 아랫사람은 기대에 부응하기 위해 열심히 노력한다. 그리고 자신을 믿어준 만큼 자신의 잠재능력을 향상시키는 것이다.

자신을 믿어준 사람의 기대치에 부응하는 것만큼 자신도 타인에게 믿음과 신뢰를 보내야 한다. 사람은 믿는 만큼 성취한다. 옛말에 "명마는 자신을 알아주는 주인을 위해 목숨을 바친다."라고 하지 않았던가. 물론 타인에게만 믿음을 보내라는 것은 아니다. 자기 자신에게도 철저한 믿음을 보내는 것이 중요하다.

## 성공과 행복을 상상하라.

무슨 일을 시작할 때면 자신이 목표를 달성했다고 가정하고, 그 결과를 상상해 보는 것이 좋다. 인간의 뇌는 현실세계에서 발생한 사건과 상상 속에서 일어난 일을 구별하려고 하지 않는 특성이 있기 때문이다. 인간 뇌의 특성상 성공을 상상하면서 꾸준히 목표를 추구한다면 실제로 성공할 수 있다는 사실에 유념하라. 인간의 뇌(腦)는 우리가 꿈꾸는 대로 모양과 기능이 변화되는 특성이 있기 때문이다(신경가소성의 원칙).

1903년 12월 17일 비행기를 최초로 발명하여 비행실험에 성공한 라이트 형제(윌버 라이트-Wilber Wright, 오빌 라이트-Orville Wright)는 1906년 5월 22일 특허를 획득했다. 라이트 형제는 1896년 여름 글라이더를 타고 세계 최초로 하늘을 나는 데 성공한 독일인 오토 릴리엔탈이 사망했다는 소식에 접한다. 그리고 이에 자극받은 두 형제는 '동력을 장착한 나는 기계' 발명에 몰입하기 시작했다. 무려 1천여 회의 실패를 거듭했지만, 그들은 결코 실패로 받아들이지 않았다. 실패를 거듭할수록 성공에 한 발짝씩 다가선다고 생각했다. 이러한 실패를 바탕으로 라이트 형제는 세계 최초의 비행기를 발명하게 된다. 동생인 오빌 라이트는 사람들로부터 어느 때 가장 큰 흥분을 느꼈느냐는 질문을 받았다. 대부분의 사람은 역사상 최초의 비행기가 이륙하여 하늘을 날던 순간이었다는 답변을 예상했었다. 그러나 그의 말은 의외였다. "비행하기 전 침대에 누워 다음 날 비행순간이 얼마나 짜릿할지를 상상해 볼 때가 가장 흥분되었다."는 것이다. 그의 상상처럼 비행은 성공했다. 실제로 상상은 성공과 행복을 이끄는 지름길이 되기도 한다.

## 03
# 행복은 가까운 곳에 있어

### 시각을 바꿔라.

내가 초등학교에 다니던 시절, MBC 문화방송 라디오에서 오후 5시가 되면 어김없이 무지개마을이라는 프로그램을 방송했다. 그때 '사랑의 파랑새'라는 방송을 들었던 내용이 어렴풋이 기억난다.

> 사랑의 파랑새를 찾으면 행복해진다기에 한 소년은 파랑새를 찾아 길을 떠났다. 파랑새가 있어 가까이 다가가면 다시 파랑새는 저 멀리 날아가 버렸다. 그렇게 파랑새를 찾아 길을 헤매고 또 헤매었다. 그 소년은 백발이 성성한 노인이 될 때까지 어렵고 험난한 길을 돌고 돌아다녔다. 이제 더 걸을 힘도 남지 않은 노인은 늙고 병든 몸을 뉘일 조그만 방이 그리웠다. 사랑의 파랑새를 찾느라 청춘을

허비해 버린 노인은 가까스로 집에 돌아와 잠에 떨어졌다. 노인은 갑자기 몸이 심하게 흔들리며 누군가 자신을 부르는 소리에 놀라 잠에서 깨어났다. 잠에서 깬 순간 노인은 깜짝 놀랐다. 눈을 부릅뜬 어머니가 빨리 잠자리를 털고 일어나라고 소리를 질러대고 있었던 것이다. 지금까지 일어난 일들은 모두 꿈이었던 것이다. "휴우~!" 한숨을 내쉰 소년은 너무도 기뻤다. 들볶아 대는 듯한 어머니의 목소리가 짜증스럽지 않았다. 눈을 뜬 소년의 귓가에 새소리가 들려왔다. 고개를 돌려보니 자신의 방안 한 켠에 새장이 걸려 있고 그 안에서 파랑새가 지저귀고 있는 것이다. "아~하~! 사랑의 파랑새는 바로 내 곁에 있었구나."

이 사연에서 보듯 꿈에서 깨어나 행복의 시각을 바꾼 소년은 내내 행복했다. 행복은 멀리 있는 것이 아니라 항상 주변에 있다. 필자가 지난 2004년 발간한 「들꽃 사연」에 기재된 내용을 소개해 본다.

푸른 초원에 나갈 때면 사람들은 매번 네 잎 클로버를 찾는다. 네 잎 클로버는 꽃말은 '행운(幸運)'이다. 행운은 어쩌다 한 번 찾아오는 일회성 행복이다. 결코, 오래가지 않는다. 그러나 우리 주위에 흔하디흔한 세 잎 클로버는 꽃말이 '행복(幸福)'이다. 사람들은 비교적 오래가며 가장 중요한 행복을 마다하고 일회성 행운만을 찾아다닌다. 그리고 행복하지 않다고 말한다. 시각만 바꾼다면, 생각의 방향을 전환한다면, 행복은 우리 주위에 항상 존재하고 있음을 알 수 있다. 세 잎 클로버가 지천으로 널려 있듯이.

사고습관(思考習慣)은 영구불변하는 것이 아니다. 사람은 유전적으로 비관주의(Pessimism)와 낙천주의(Optimism)적 기질을 갖고 태어난다. 앞에서도 언급했다시피 50%는 유전적으로 결정되고 10%는 환경적으로 결정되지만, 가장 중요한 것은 노력과 연습으로 행복해지는 몫(portion)이 40%나 된다는 점이다.

일반적으로 우리의 뇌(brain)는 의식(conscious)과 무의식(unconscious)으로 구별된다. 의식은 현재 상황에 주의를 집중하는 순간 알아차리는 정신생활 영역으로 대부분의 자아(ego)가 여기에 해당한다. 무의식은 의식 영역 밖에 존재하여 전혀 자각하지 못하는 정신생활 일부분으로서 의식의 명령을 받아 행동을 취한다. 무의식 속에는 현실의 원리를 충족하는 자아(ego)의 일부분과 인간의 본

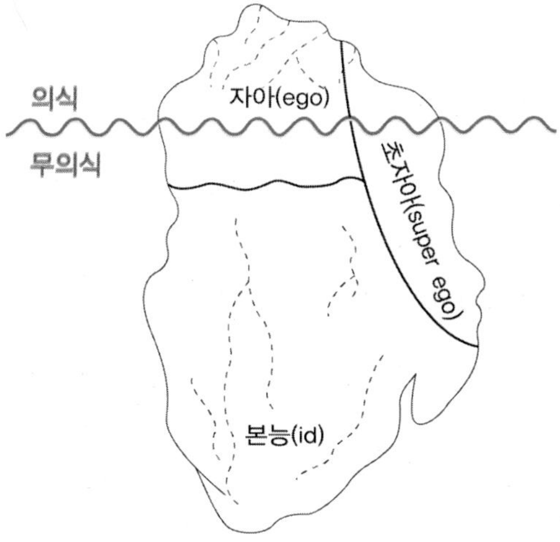


그림 3-1 _ Id, Ego & Superego의 관계

능적 욕구인 이드(Id)가 포함되어 있다. 또한, 자아의 성숙으로 도덕성이나 윤리성이 확립되어 성격으로 내재하는 초자아(superego)도 역시 대부분이 무의식에 포함된다.

이러한 뇌의 특성상 의식은 무의식을 통해 인간의 신체에 영향을 미친다. 무의식은 독자적인 능력이 없어 의식이 전달하는 명령을 받아들인다. 의식은 무의식에 다양한 동작을 지시함으로써 인간의 행동을 만들어 낸다. 이것은 사물이나 사건의 긍정적인 면을 의식적으로 중시할 때 자신도 모르게 행복을 얻을 수 있음을 입증한 것이다. 우리가 의식적으로 행복하다고 생각한다면 무의식은 감각기관과 신체에 행복한 감각과 행동을 지시한다. 그러나 불행하다고 생각한다면 무의식은 곧바로 신체기관에 불행스러운 감각을 지시한다. 그것이 진실이든 거짓이든 상관없이 무의식은 의식의 명령에 따라 신체를 통제하기 때문이다.

행복의 조건은 외부의 객관적 조건에 의해 결정되는 것이 아니라 우리가 인지하는 주관적 관점에 따라 좌우된다. 부정적인 시각을 긍정적으로 바꿀 수 있다면 그만큼 고통과 좌절을 줄이고 행복을 증대시킬 수 있을 것이다.

옛날 두 아들을 둔 어머니가 있었다고 한다. 그녀의 아들 중 하나는 짚신 장사를 했고, 나머지 한 명은 우산 장사를 하고 있었다. 그녀는 날씨 좋은 날에는 둘째 아들의 우산이 팔리지 않을까 봐 걱정했고, 비가 오는 날에는 첫째 아들의 짚신이 팔리지 않을까 봐 걱정했다. 그렇게 그녀는 평생을 걱정 속에 살았다. 여기서 시각을 바꿔 생각해보면 행복은 항상 그녀 주위에 있었다는 사실을 알 수 있다. 날씨 좋은 날에는 짚신이 잘 팔리는 것에 행복해하고, 날씨 궂은 날에는 우산이 잘 팔리는 것에 행복해하면 되는 것이다.

## 제3의 공간을 찾아라.

우리가 삶의 방식을 조금씩 바꿔나간다면 행복도 그만큼 깊어지는데도 많은 사람은 행복이 특별한 곳에 있다고 생각한다. 그렇다면 그 특별한 곳이 어딘지 한 번 찾아보자.

미국의 사회학자 레이 올든버그(Ray Oldenburg)는 1989년 발간한 『정말 좋은 공간(The Great Good Place)』이라는 책에서 제3의 공간(The Third Place)이라는 용어를 처음 도입했다. 그는 제1공간을 집으로 정했고, 제2공간을 직장으로 규정했다. 대부분의 사람은 집에서 직장으로, 다시 직장에서 집으로 시계추처럼 왔다갔다를 반복한다. 그러다 어느 시점이 되면 스트레스를 풀만 한 편안하고 안락한 자신만의 장소를 원하게 된다. 이처럼 마음이 평온해지는 나만의 휴식처가 곧 제3의 공간이라는 것이다.

어느 날 딸아이는 집에서 공부하다 갑자기 카페에 가겠다며

책과 랩탑(laptop) 컴퓨터를 챙겨 들고 집을 나섰다. 그곳 카페에서 공부하면 잘 된다는 것이 이유다. 손님이 북적대는 곳에서 어떻게 공부가 되느냐고 물으니 오히려 그러한 분위기가 공부를 유도한다는 것이었다. 자신뿐만 아니라 다른 대학생들도 그러하다고 말했다. 집과 학교를 다람쥐 쳇바퀴 돌 듯 오가던 딸아이에게 제3의 공간인 카페는 커피 한 잔 들이키며 유유자적하게 책을 읽고 인터넷을 즐기는 최적의 장소였던 셈이다.

'집에서는 공부가 잘 안 되는데 도서관에 가면 책에 빠져든다. 집에서는 기도가 잘 안 되는데 성당에 가면 기도가 저절로 나온다. 집에 있으면 기분전환이 안 되는데 미장원에서 머리를 자르면 마음이 후련해진다. 집에서는 친구가 와도 말을 잘 안 하는데 카페에만 가면 저절로 수다를 떤다.' 등등 남의 눈치를 볼 필요가 없고, 소박하며 마실 것과 먹을 것이 있고, 상하관계가 필요 없는 장소 그리고 그냥 그곳에만 가면 마냥 좋은 곳. 그런 곳이 있다면 행복이 그리 멀리 있다고 할 수 없을 것이다. 특별한 곳 같지만 가장 소박하고 평범한 나만의 휴식처! 행복은 그런 곳에서 저절로 느껴진다.

## 긍정의 미학을 정립하라.

일반적으로 사람들의 관심은 불균형적으로 부정적인 측면에 더 많이 기울어져 있다. 우리의 뇌는 부정적인 측면에 관심을 기울이게 되어 있기도 하다. 그릇된 일에 대해 집중하여야 그 일을 바로잡을 수 있으며, 다른 한편으로는 다가오는 위기를 감지하여 생존할 기회를 만들 수 있기 때문이다. 그렇다고 부정적인 생각에 빠져든다면 모든 일상이 불행하게 된다. 일부는 부정적이라 할지라도 대부분의 마음은 긍정적이어야 우리의 생활이 행복해진다. 걸핏하면 현실과 상상의 세계를 혼동하기 일쑤인 뇌의 특성을 고려하여 우리의 관심을 긍정적인 쪽으로 환기하도록 만들어야 한다. 주변 일에 감사하는 긍정적인 생활태도는 우울감을 감소시키고 행복감을 증대시킨다.

많은 사람이 실패를 경험한다. 그리고 좌절하기도 한다. 2014년 4월 16일 안산 단원고 수학여행단원을 태운 제주행 유람선 세월호가 전복되는 참사가 일어났다. 수많은 어린 학생들이 꽃다운 나이에 제대로 꽃을 피워보지도 못하고 하늘나라로 갔다. 부모들은 가슴을 치며 원통해했다. 살과 뼈를 에이는 고통 속에 하루하루를 보냈다. 그러나 언제까지 슬퍼하고 있어야 할까? 고통과 좌절 속에서도 긍정적인 면을 찾아 천주교에 귀의하여 먼저 간 자녀를 위해 기도하며 새롭게 삶을 살아간 사람이 있는가 하면, 고통 속에서 헤엄쳐 나오지 못한 채 슬픔에 젖어 살다가 결국은 목을 매 저승으로 가버린 사람도 있었다. 과연 먼저 간 자녀들은 하늘나라에서 부모들을 지켜보면서 어떤 생각을 했을까?

아마도 좌절을 딛고 새롭게 삶을 살아가는 부모를 더 좋아했으리라.

### 교황에게 세례받은 유족 역사상 없는 일

"방한 중인 프란치스코 교황은 어제 6시 반 교황청 대사관에서 일정에 없던 매우 각별한 의식을 거행했습니다. 12억 가톨릭 신자의 수장인 교황이 단 한 사람을 위해 세례식을 연 건데요. 달포 동안 십자가를 어깨에 지고 전국을 도보 순례한 세월호 희생자 유족 이호진 씨가 며칠 전 십자가를 교황에게 전해주면서 세례를 부탁하였다고 합니다. 교황이 단 한 사람을 위해 세례를 베푼 것은 천주교 역사상 다시 없는 일입니다. 지난 1989년에 교황 요한 바오로 2세가 단체로 세례를 해 준 사례가 있었긴 하지만 단독 세례는 이번이 최초인 것으로 알고 있습니다. 이호진 씨의 세례명은 교황과 같은 프란치스코로 정했습니다."

–2014년 8월 18일 '한수진의 SBS 전망대'

### 어버이날… 자식 따라간 단원高 학생 아버지

어버이날인 8일 안산 단원고의 세월호 희생 학생 아버지가 자택에서 숨진 채 발견됐다. 경기도 안산 단원경찰서는 이날 낮 12시 35분쯤 안산 단원구 대부도에 있는 자택에서 세월호 희생 학생의 아버지 권모(58) 씨가 목을 매 숨진 채 발견됐다고 밝혔다. 권 씨의 동생이 112에 신고했고, 현장에서 유서는 나오지 않았다고 경찰은 밝혔다. 권 씨는 부엌 벽에 못을 박고 나일론 끈을 걸어 목을 맨 것으로 전해졌다. 경찰은 정확한 사인을 파악하기 위해 검찰과 협의해 부검 여부를 결정할 계획이다. 이웃들은 "권 씨가 자식을 잃은 뒤로 많이 괴로워했고 잠도 이루지 못했다."고 진술했다.

–조선일보 2015년 5월 9일 자

인간의 삶은 고통을 통해 성숙해진다. 그러나 두 사례에서처럼 고통을 통해 성숙해지는 삶이 있는 반면, 고통을 감내하지 못하고 그냥 생을 마감해 버린 사람도 있다. 이 책의 독자들은 어떤 삶을 살고 싶은가? 가톨릭 수원교구 이기수 신부는 언젠가 나에게 "불교는 고통으로 인하여 해탈하고, 기독교는 고통을 통하여 부활한다."라는 말을 하였다. 여기서 종교도 행복을 찾아가는 길을 제시하고 있다. 실패, 좌절, 고통은 삶에서 약방의 감초처럼 등장한다. 행복은 외부의 조건이나 상황에 의해 결정되는 것이 아니라 우리의 마음에 따라 좌우된다. 불가피한 고통이라 할지라도 그 고통을 감내하는 관점에 따라 달라질 수 있다. 부정적인 것들에게도 긍정적인 면이 있다는 자신만의 철학을 정립한다면 그 고통의 강도는 크게 달라질 것이다.

행복할 이유보다 불행할 이유가 더 많은데도 행복해하는 사람들이 있다. 우리들의 삶에는 좋은 일만 있을 수 없다. 아무리 운이 좋은 사람이라 할지라도 그들 삶에 나쁜 일은 생기게 되어 있다. '그럼에도 행복해할 수 있느냐?'는 문제가 생긴다. 만약 우리에게 불행한 일이 생긴다면 당연히 불행해질 것이다. 세월호 사건처럼 자신의 자녀가 저승으로 갔는데도 불행하지 않다면 그것은 결코 정상이 아니다. 문제는 시간이 지나면서 불행을 딛고 행복한 수준으로 다시 돌아올 수 있느냐는 것이다. 결론적으로 말하자면, 행복한 사람은 불행한 마음상태를 긍정적으로 전환할 수 있는 훈련이 되어 있다는 점이 불행한 사람과 다르다. 평소 자신도 모르게 행복해지는 기술을 일정부분 터득했다는 의미다. 운동으로 건강을 유지하듯, 공부로 실력을 쌓아나가듯, 행복해지려면 행복해지는 기술을 연습해야 한다. 연습을 많이 할수록 더 행복해 질 수 있기 때문이다.

## 지금 이 순간에 충실하라.

많은 사람은 행복이 미래에 있다고 생각한다. 하지만 행복은 늘 우리 주위를 맴돌고 있다. 우리가 행복을 느끼려고 노력하기만 한다면 바로 지금이 가장 행복한 순간이 될 수 있을 것이다.

일반적으로 사람은 미래의 행복을 위해 현재를 희생한다. 백억 원대 부자가 천억 원을 벌기 위해 먹고 싶은 것 먹지 않고 쓰고 싶은 것 쓰지 않으며 마치 거지처럼 생활했다고 치자. 그러다 목표를 달성했다 싶으면 자신도 모르게 죽는 일이 발생한다. 그렇다면 그는 결코 부자가 아니었다. 살아 있을 때의 삶이 거지와 다름없었다면, 그가 아무리 많은 재산을 가졌다 할지라도, 그는 살았을 때나 죽었을 때나 여전히 거지다. 반면 재산이 비록 수천만 원에 불과하지만 수백억 원대 부자보다 더 많이 베풀고 살았다면, 그는 진정 부자로서의 삶을 산 사람이다. 과거와 미래에 발목 잡혀 끌려다니다 보면 현재의 행복을 느낄 수 없다. 현재의 삶에서 만족감을 찾아라. 그러다 보면 내일도 만족스럽다.

"오늘은 어제 죽은 이가 그토록 살고 싶어 하던 내일이다."

어느 병원 화장실에 쓰여 있던 글귀다. 삶은 불행으로 가득하다. 하지만 불행 속에서 행복을 느낄 줄 아는 사람이 되어야 한다. 모든 일을 하는 데 있어 단점보다 장점에 주목한다면, 오늘을 사는 인간은 현재의 어려움을 즐거운 일로 새롭게 변화시킬 수 있을 것이다. 과거는 존재했던 것이며, 미래는 존재할 것들이다. 존재하는 것은 오로지 현재뿐이다. 행복도 마찬가지다. 미래의 행복을 위해 현재를 희생한다면 결코 행복한 삶이 아니다. 현재를 가장 귀하게 여기며 현재에 충실할 때 행복이 존재한다.

드디어 그가 대학에 진학했다. 대학에 진학하기만 하면 행복해질 줄 알았는데 미래의 좋은 직장을 얻기 위해 또다시 공부와 씨름해야 했다. 학과에서 수석을 차지한 이래 그 자리를 놓치지 않기 위해 매 학기 줄곧 친구들과 경쟁해야 했다. 수석을 하지 못할까 봐 명절에도 책을 놓지 않았다. 대학 4년 동안 미래의 행복을 위해 항상 불안에 휩싸여 공부만 했다. 그 결과 그는 수석을 단 한 번도 놓치지 않았고 대학 졸업과 동시에 공직에 진출했다. 말 그대로 성공한 셈이다. 하지만 그것이 끝이 아니었다. 직장에서도 승진을 위해 남과 경쟁하며 노심초사해야 했기 때문이다. 중년의 삶은 엄청난 스트레스 그 자체였다. 언젠가 여유로움을 즐기며 행복해할 것이라는 꿈은 절대 이뤄지지 않는 먼 나라의 일이었다. 다른 사람들은 어느 정도의 직위에도 올라갔고 재산도 모았으니 행복할 것이라고 여겼다. 그러나 그는 행복함을 느끼지 못했다. 미래를 위해 현재를 희생했기 때문이다. 오로지 앞만 보고 달리던 그는 어느 날 암에 걸려 수술을 해야 했다. 그런데도 승진을 바라보며 쉬지 않고 일했다. 나중에 최고의 자리에 오를 것이라는 미래의 행복에 전념했지만, 그의 꿈은 막바지에서 좌절되고 말았다. 그가 미래의 행복은 존재하지 않는다는 사실을 깨닫는 데는 오랜 시간이 걸렸다. 그는 현재의 순간순간을 행복해하면서 감사하는 마음으로 살고 있다.

## 04
# 감사하는 마음으로

### 친절을 베풀어라.

폭풍우가 도심을 휩쓸던 1891년의 어느 날 새벽 1시, 호텔 객실을 구하지 못한 한 노부부가 차를 몰아 작고 허름한 호텔에 당도했다. 초라한 행색의 노부부는 말했다. "예약을 못 했는데 빈 객실이 있습니까?" 당시 필라델피아에는 행사가 있는 관계로 호텔의 객실이 꽉 차 있어서 빈방이 전혀 없었다. 허름한 호텔 종업원은 전화를 걸어 백방으로 호텔의 빈방을 수소문해 봤지만 허사였다. 노부부는 비바람이 몰아치는 길거리에서 잠을 청할 수도 없어 난감해하며 어찌할 바를 몰라 당황했다. 종업원은 노부부에게 다가와 말했다.

"죄송합니다만 저희 호텔에는 빈 객실이 없습니다. 다른 호텔도 알아봤지만 역시 빈방이 없답니다. 지금 밤도 늦었고 밖은 비바람이 치고 있으니 누추하지만 제 방에서 주무시는 것이 좋겠습니다."

종업원의 숙소에서 하룻밤을 보낸 노부부는 감사의 표시로 종업원에게 숙박비의 3배를 건넸다. 그러자 종업원은 자신의 방은 객실이 아니므로 방값을 받을 수 없다며 손사래를 쳤다. 그로부터 2년의 세월이 흐른 어느 날, 여전히 낡아빠진 호텔에서 성실히 일하고 있던 그 종업원에게 한 통의 우편물이 배달되었다. 자신의 방에 묵었던 노부부가 보낸 초대장과 뉴욕행 항공권이었다. 가까스로 휴가를 내고 뉴욕으로 달려간 그를 노부부는 반갑게 맞이했다. 노부부는 방금 단장을 마친 최고급 호텔 앞으로 그를 데려가 말했다.

"당신을 위해 이 호텔을 준비했소. 이 호텔의 총지배인이 돼 주시오."

호텔 이름은 '월도프 아스토리아'였다. 이 호텔의 역사는 1883년으로 거슬러 올라간다. 부유한 명문가문 아스터 가(家)의 두 형제인 월도프와 윌리엄의 경쟁이 시작되었다. 윌리엄이 가업을 상속하게 되자 형인 월도프는 동생의 저택 근처에 13층짜리 월도프 호텔을 건축했다. 그러자 동생은 4년 뒤 월도프 호텔 건너편에 16층짜리 아스토리아 호텔을 세운다. 수년간 경쟁을 벌이던 두 형제는 경영일선에서 물러나고 전문경영인을 두기로 합의했다. 그때 임명된 사람이 바로 지방의 허름한 호텔 종업원 출신인 조지 볼트(George Boldt)였다. 초라한 지방호텔의 일개 종업원이 뉴욕의 왕궁이라는 별칭을 가진 세계 최대 규모의 월도프 아스토리아(Waldorf Astoria) 호텔의 초대 경영자가 된 것이다. 그는 노신사의 기대에 걸맞게 세계 굴지의 호텔 체인을 이룩하는 대업을 달성했다. 1893년 총지배인이 된 조지 볼트는 1916년 그가 죽을 때까지 이 호텔에서 일했다. 남을 배려하는 따뜻한 인성과 조그마한 친절이 행복을 가져다준 대표적 사례다.

캘리포니아대학 심리학과 교수인 소냐 류보머스키(Sonja Lyubomirsky)는 친절과 행복을 연결하는 실험을 하였다. 그녀는 실험집단을 두 부류로 나눈 뒤 친절한 행동을 한 집단과 그렇지 못한 집단의 질적 연구를 시작했다. 그 결과 친절한 행동을 한 사람들의 행복감은 높아졌으나, 그렇지 못한 사람들에게는 행복감에 대한 변화가 별로 없었다. 이와 별도로 신경과학자들도 일단의 실험 참가자들에게 자선단체에 기부하는 등 친절한 행위를 상상하도록 주문한 뒤 그들의 뇌를 스캔해 보았다. 친절한 행동을 상상한 사람들의 뇌는 대체로 먹을 것과 돈을 얻었을 때, 그리고 섹스 때 반응하는 뇌의 보상 시스템이 밝게 빛나며 활성화됨을 발견했다. 그러므로 친절을 베푸는 것은 섹스만큼이나 만족스러운 행복감을 느끼게 된다는 의미다.

행복은 객관적 요소도 필요하지만, 주관적 요소가 더 필요하다. 자신 스스로 타인에게 친절하게 말하며 행동한다면, 남이 알아주는지와 관계없이 우리의 뇌는 자기 자신에게 주관적인 만족감을 풍부하게 제공해 준다. 이제부터라도 상냥한 미소와 친절한 행동을 실천해 보는 것이 좋을 듯하다. 모든 것은 생각하는 대로 이루어지기 때문에.

## 고마운 마음을 전달하라.

어느 날 아침이었다. 그날은 아내의 생일이었지만 너무 바쁜 나날을 보내던 나는 선물을 사줄 시간이나 고마움을 전달할 기회조차 얻지 못했다. 아침 일찍 출근하려는데 아내가 자고 있었다. 쪽지를 찾아 "그동안 가사 일에 찌들어 사느라 고생이 많았는데 감사하다는 말도 하지 못했네. 오늘 생일인데 아무것도 해주지 못해 미안해."라는 말을 적어내려 갔다. 그리고 "친구들과 점심이라도 해"라는 말로 끝을 맺고 쪽지 위에 약간의 돈을 올려놓았다. 아내의 반응이 어떠했는지는 독자들께서 상상해 보시길….

우리 사회는 감사해 하지 않는 습관에 절어 있다. 그 대표적인 사례가 사회보장제도다. 사회복지는 차치하고 교육복지에 대해 설명해 보기로 하자. 필자의 대학 시절에는 장학금이 별로 없었다. 성적 장학금과 손에 꼽을 정도의 장학금 몇 개가 고작이었다. 그런데 요즘 대학은 반값 등록금 문제가 대두되면서 국가장학재단에서 소득분위에 따라 장학금을 지급한다. 대부분의 가난한 사람이 혜택을 받는다. 그런데 대부분의 사람은 혜택을 제공해 준 사람에 대한 고마움을 잊고 무감각해지기 시작한다. 없는 자들은 세금으로 제공되는 장학혜택을 당연한 권리로 생각하고 있다. 그러면서 복지혜택을 줄 수 있도록 세금을 더 많이 부담하는 자(소위 부자)를 비난한다. 최소한 본인들이 혜택을 받는 만큼 빈자는 부자에게 감사하는 마음을 갖는 것이 바람직하지 않을까?

S전문대학 산업체 위탁생으로 야간에 공부하는 한 여성 직장인 A씨는 1년 6개월을 학교장학금과 국가장학금을 받아 공짜로 공부해 왔다. 산업체 위탁생은 반드시 직장에 다녀야 대학생의 자격이 유지된다. 매년 한 번씩 직장에 다닌다는 재직증명서와 4대 보험 가입증명서를 학교에 제출하여 자신이 직장인임을 증명해야 하는 것이 의무다. 2학년 2학기 초가 되어 재직증명서를 제출해야 할 시기가 되었다. 그런데 그녀는 결코 재직증명서와 4대 보험 가입확인서를 제출하지 못했다. 이직한 뒤 다시 직장을 잡지 못했기 때문이다. 40대 초반의 A씨는 결국 자퇴해야 했다. 문제는 그 이후였다. 지금까지 공짜로 학교에 다녔지만 자퇴하는 시점에서 국가장학금과 학교장학금을 정산해야 했다. 학기를 다 마치지 못한 그녀는 날짜를 계산하여 국가장학금 40만 원을 반납해야 했다. 그녀는 무려 3학기 동안 공짜로 학교에 다녔고, 자신의 잘못으로 직장을 그만두어 학교에 다

닐 수 없게 되었는데도 불구하고 남은 기간의 장학금 일부를 반납하지 못하겠다며 고래고래 소리를 질러댔다. 국가와 학교에서 제공한 장학금에 전혀 감사한 마음도 없이 당연한 권리로만 생각한 것이다. 권리는 자신에게 부여된 의무를 다해야 누릴 수 있는 것임에도. 그녀는 장학금을 반납하지 않았을 뿐만 아니라 다음해 취업한 다음 복학할 때에도 다시 장학금을 전액 줘야 한다며 큰소리를 질러댔다. 과연 다음 해에 복학이나 가능할지….

감사할 줄 모르고 자신의 권리만 주장한다면, 세금을 부담하는 사람들은 점차 이 나라에 세금을 내지 않으려고 할 것이다. 감사할 줄 모르는 태도가 부메랑이 되어 종국에는 자신도 복지혜택을 받지 못하게 되며, 혜택을 받지 못하면 궁핍한 삶을 살게 되어 행복은 물 건너가게 된다. 감사를 표명하는 사람은 마음이 편안해지고, 감사함을 전달받는 사람은 상대를 더욱 배려하게 된다. 마음을 다해 상대방에게 감사함과 고마움을 전할 때 인간의 삶은 행복으로 가득 차게 된다. 행복은 사소한 것에서부터 시작된다.

## 고마워하는 습관을 길러라.

일상생활 중 사소한 일에서도 고마운 것들을 찾아내는 습관이 필요하다. 매사를 그저 그렇게 대충대충 산다면 고마워할 일이 없다. 마음을 어떻게 가지느냐에 따라 세상이 달라진다. 조선일보 2016년 1월 8일 자 아침편지 란에 '그 소년의 아버지가 내게 주신 가르침'이라는 제목으로 기고된 어느 여교사의 글을 간추려 보았다.

> 초등학교 6학년 교사를 맡았던 한 여교사는 졸업식 날을 기억한다. 그 당시 자녀 간 터울이 심한 어린아이를 둔 부모와 누나가 교실로 찾아와 자녀를 교육해준 교사에 감사함을 표명했다. 그리고 편지를 전했다. 편지 내용은 이랬다. '우리 아들이 무사히 6년 과정을 마치고 졸업하게 됨을 진심으로 머리 조아려 감사드립니다. 가정조차 자녀 교육을 학교와 학원에 다 미뤄놓는 상황에서 요즘 어린이들 가르치는 것은 참으로 힘든 일입니다. 비록 우리나라 교육 현실이 갈수록 어려워지는 상황이지만 여전히 보람차고 즐거운 교직생활이 되시길 바랍니다.' 그들이 돌아가고 여교사는 눈물을 흘렸다. 그녀가 참된 교사로서 인정받아 기뻐서 흘리는 눈물이 아니라, 오히려 그 아이의 부모에게서 참된 가르침을 얻은 데 대한 감동의 눈물이었다.

이 내용처럼 그 아이의 부모는 인연에 대한 감사를 표명함으로써 교사를 감동하게 했을 뿐만 아니라 사회에 가르침을 주었다. 감사를 표명한 부모도 교사도 모두 행복했을 것이다. 그러므로 세상은 행복하다. 고맙다는 생각은 우리의 부교감신경체계(the parasympathetic nerve system)를 작동시켜 마음을 평안하게 만들고 아울러 우리의 면역력을 증강시킨다. 면역력이 향상되면 몸이 건강해진다. 건강한 몸에서 행복이 나오는 것은 당연하다. 건강을 잃으면 돈도 재산도 다 필요 없고 행복하지도 않기 때문에 감사하는 마음으로 사는 것이 각박한 현대를 사는 우리에게 매우 중요하다.

감사를 표명하는 일은 자신의 가슴에 기쁨을 불러오고, 타인의 마음에는 행복을 심어준다. 이처럼 좋은 감사 표명을 일회성 행사로 치부해 버리기에는 너무 허탈하다. 습관처럼 감사한 마음을 상대에게 전해야 한다. 그러려면 하루의 일과를 회상하면서 감사한 일들을 일부러 찾아내는 습관을 기르는 것이 좋다. 행동심리학 연구처럼 최소한 3주 이상 감사한 일들을 찾아 감사함을 표명하는 행동을 지속해 보자, 몸에 익숙해질 때까지. 그리고 3개월 이상 지속하여 습관으로 정착시키자. 인성적 측면에서 전혀 손해 볼 것이 없지 않은가.

> 언제나 기뻐하십시오. 끊임없이 기도하십시오. 모든 일에 감사하십시오. 이것이 그리스도 예수 안에서 살아가는 여러분에게 바라시는 하느님의 뜻입니다.
>
> —〈테살로니카〉 5장, 16~18절

기뻐 기도하며 모든 일에 감사하는 마음으로 살아가라는 성경의 말씀이다. 바오로 사도는 2천 년 전 행복을 맛보는 방법을 신도들에게 설명한 것이다. 우리가 감사하는 마음으로 세상을 산다면 아름답고 행복한 삶을 지속할 수 있을 것이다.

## 05
# 유머 감각을 높여야

### 부교감신경체계를 활성화시킨다.

인류는 불안감을 효율적으로 이용하여 위기를 탈출했다. 원시 인류가 사냥할 때 갑자기 한 사람이 직감적으로 불안함을 느꼈다. 갑자기 가던 길을 멈추고 주변을 두리번거린다. 주변에 있던 사람도 신경을 곧추세우고 있다. 그리고 판단을 내렸다. 모든 사람이 일제히 도망치기 시작했다. 그때 호랑이가 나타났다. 만약 불안함을 직감적으로 느끼지 못하고 호랑이가 출현할 때까지 가만히 있었다면 모두 잡아먹히고 말았을 것이다. 이처럼 불안감은 인류생존에 이바지해 왔다. 불안함과 스트레스가 닥칠 때 분비되는 호르몬이 코르티솔(cortisol)이다. 코르티솔은 에너지를 다량 소모하게 한다. 그래야 빨리 도망칠 수 있기 때문이다. 빨리 도망치기 위해서는 다른 신체기관이 필요로 하는 에너지까지 사용해야 한다. 그래서 타 신체의 기능을 잠시 중단시킨다. 즉 면역체계를 중단시켜 신체를 위태롭게 만들기도 한다는 이야기다.

다른 말로 설명하면 우리의 중추신경계통 교감신경체계는 현재의 위기에 대처하려고 위기대응과 무관한 신체의 화학물질을 없애 빨리 도망치게 하거나 싸우도록 만든다. 일시적으로 신체의 한 부분을 강하게 드는 것이다. 교감신경체계(the sympathetic nerve system)가 지속적으로 발동되면 호흡과 심장박동이 증가하여 결국에는 통제하지 못하는 지경에 이르러 죽을 가능성이 커진다. 이러한 사태를 방지하기 위해 부교감신경체계(the parasympathetic nerve system)가 작동하여 높아진 호흡률과 심장박동률을 낮춰 신체를 안정시키도록 하는 것이다.

우리 인간은 유머(humor)를 접하면 부교감신경이 자극되어 교감신경 활동을 억제하게 하며, 불안 호르몬인 코르티솔의 수치를 떨어뜨린다. 스트레스와 불안감을 완화하고 코르티솔 분비를 억제한다는 것은 곧 면역체계를 강화하여 질병 저항능력과 고통감내능력 등을 높여줘 온갖 근심과 걱정을 날려버릴 수 있다는 것을 의미한다. 그만큼 부교감신경은 중요하다. 유머가 부교감신경을 자극한다.

프랑스 파리 센 강변에 있는 에펠탑이 1889년 프랑스 혁명 100주년 및 만국박람회를 기념하여 건축되었다. 건축 당시 예술가 등 많은 사람은 철골구조물이 파리의 외관을 해친다는 이유로 격렬히 반대했다. 프랑스의 대표적인 자연주의 작가 모파상(Guy de Maupassant, 1850~1893)도 그중의 한 사람이었다. 그런데 에펠탑이 완성된 뒤 모파상은 에펠탑 내부의 카페를 즐겨 찾았다. 사람들은 모파상에게 그토록 싫다던 에펠탑에서 매일 식사를 하는 이유가 무엇인지 물었다. 그때 모파상은 모든 의혹을 일시에 날려버리는 유머러스한 대답을 하였다. "파리 시내에서 에펠탑이 보이지 않는 유일한 곳이 바로 이곳이라…." 역시 프랑스의 대문호다운 유머이다.

모파상의 유머는 에펠탑을 철거하기 위해 기세등등하던 사람들의 교감신경체계를 완화시키는 데 기여하였다. 유머는 부교감신경체계를 활성화시켜 교감신경을 억제한다.

## 행복은 미소 짓는 마음이다.

사회심리학(Social psychology)에서 다뤄지는 내용 중 재미있는 부분이 있다. 사람이 볼펜을 치아로 물고 있을 때와 입술로 물고 있을 때를 비교한 것이다. 볼펜을 치아로 물고 있으면 웃는 듯한 표정이 되며, 입술로 물고 있으면 우울한 것처럼 보인다. 만화에 두 장면을 각각 삽입하여 이야기를 전개해 보면 대부분의 독자는 이빨로 물고 있는 표정의 만화가 더 재미있다고 느낀다는 것이다.

우리가 웃게 되면 입 주위의 근육이 움직이게 되고 이러한 근육활동은 뇌 온도를 떨어뜨려 사람들의 기분을 좋게 만든다. 기분이 좋다는 말은 소소한 행복이 주위를 맴돈다는 의미이다. 행복은 엄청난 위력으로 갑자기 다가오는 것이 아니라, 사소한 즐거움과 만족감이 꾸준히 쌓여 이뤄진다. 그래야 내 마음속 행복이 오래가는 것이다. 주위 사람들에게 미소 짓고 썰렁한 농담에도 파안대소하는 습관을 만들어 나가는 것이 우리의 삶을 긍정적으로 변화시키는 초석이 될 것이다.

화가 날 때 잠시 마음을 가다듬고 마음의 평정심을 유지하기 위해 미소 짓는 훈련을 할 필요가 있다. 미 위스콘신대학 연구팀이 12년 동안 연구한 결과, 행복을 느끼는 사람은 좌측 전두엽이 월등하게 활성화되어 있음을 발견했다. 분노, 증오, 질투, 탐욕, 공포 등으로부터 자유로울 때 좌측 전두엽이 활성화된다는 것이다. 정서적 공포를 떨쳐내고 미소 띤 얼굴로 마음의 평정심을 유지하려고 노력해 보라. 그러면 좌측 전두엽이 활성화되어 지속적인 행복에 도달할 수 있다. 행복은 마음이다. 항상 미소 짓는 마음으로 평정심을 유지한다면 행복은 오래도록 우리 곁에 머무를 것이다.

유머러스한 사람이 되기 위해서는 유머 감각이 뛰어난 사람을 관찰하고 그와 비슷해지려고 하는 노력이 필요하다. 생활 주변에서 일어나는 많은 유머를 기록하고 외워보자. 그리고 틈나는 대로 유머를 실생활에서 사용해 보자. 그렇다면 개인의 삶이 즐거워지고, 사회가 밝아진다.

# | 제4장 |

# 행복을 달성하기 위한 방법

## 01
# 목표를 먼저 설정해야

### 자신이 좋아하는 목표를 설정하라.

정신 상태는 행복에서 가장 중요한 부분을 차지한다. 성공한 사람들은 대부분이 고난과 좌절을 회피하기보다는 적극적으로 맞서서 대처하는 방법을 모색했다. 이것은 자신이 추구하는 목표를 지속적으로 추진하면서 그 때문에 발생되는 스트레스까지도 기꺼이 감수했음을 의미한다.

행복을 찾아가는 방법은 여러 가지가 있다. “당신은 행복하십니까?”라는 질문을 던지면, 많은 사람은 외부의 강요나 의무감 때문에 의도적으로 설정된 목표를 충족시키면 좋아질 것이라는 답변을 한다. 부모의 기대를 충족시키기 위해, 가족들을 위해 자신을 희생한다. 그리고 그들의 기대를 충족시키면 자신도 행복해질 것이라는 생각을 가진다. 그러나 이러한 목표설정은 틀린 것이다.

6·25전쟁 이후에 태어난 베이비부머(baby boomer) 세대들은 부모를 위해서, 또는 자식을 위해서 숱한 희생으로 점철된 인생을 살아왔다. 자신의 행복보다는 자식의 행복을 더 추구하고, 자신의 안위보다는 부모의 안위를 걱정하며 모든 행복의 목표를 부모와 자식에게 두었다. 그리고 지금도 자식이 잘되면 그만이라는 생각을 가진다. 그렇다면 이제부터라도 자신의 행복을 위해 자신이 원하는 삶을 살아야 한다. 자신이 가장 좋아하는 목표를 설정해야 즐겁게 일할 수 있다. 즐겁게 일하면 능률과 효율성이 오르고, 그러다 보면 더 빨리 목표에 도달할 수 있다. 이처럼 자신이 만족해야 행복에 한 걸음 더 가까이 다가가는 것이다.

목표를 설정한 뒤 목표를 달성하는 과정에서 행복을 느끼면 된다. 목표 달성 이후의 행복감은 결코 영원히 지속되지 않는다. 절정의 행복감은 하루 이틀 시간이 흐르면 점차 감소되어 다시 일상의 행복수준으로 회귀하게 된다. 목표를 달성하면 행복해질 줄 알았다. 그러나 목표를 달성한 이후 추락할지도 모른다는 불안감은 어찌할 것인가. 정상을 정복하는 것만이 행복은 아니지 않은가. 그렇다고 방향감도 없이 그저 높은 쪽으로만 올라가는 것도 행복이 아니다. 행복이란 정상을 향해 가겠다는 목표에 따라 계획을 세우고 끊임없이 도전하여 정상을 정복해 나가는 일련의 과정이다. 목표를 세웠다면 목표를 달성해가는 과정을 즐겨라. 그것이 행복이다.

내가 산티아고 순례길을 걸어갈 때의 일이다. 그때 눈은 게으르고 발은 부지런하다는 사실을 알았다. 눈으로 멀리 바라보며 '저 먼 길을 언제 가나?'하며 한숨을 푹푹 내쉬었다. 눈은 게을러 겁부터 냈지만 발은 부지런하게 걸어 결국은 그곳에 도착했다. 나는 그날그날 머무는 곳에서 하루를 되돌아보며 무사히 이곳까지 오게 된 것에 감사드리며 그날그날을 즐겼다. 하루하루가 곧 행복이었다. 그 행복을 한 달 넘게 즐기는 동안 내 몸은 벌써 산티아고에 도착해 있었다. 전체적인 목표는 아주 길게 세우되, 하루하루의 목표는 짧게 설정하여 매일매일 성취감을 느낀다면 어느덧 최종 목표에 도달할 것이다. 최종 목표를 달성했을 때의 행복감은 이루 형언키 어려울 정도로 크다. 우리의 삶도 최종 목표를 설정한 다음 그 목표를 단계별로 나눠서 실천하는 가운데 단계마다 행복을 느낀다면 하루의 일과가 행복의 연속일 것이다.

## 언어와 문서를 이용하여 의지를 다져라.

필자는 무슨 일을 할 때 무난히 달성할 수 있는 일은 그냥 실행한다. 그러나 약간 어렵다고 생각되는 일은 문서로 계획을 작성하여 주변에 붙여놓고 사람들에게 먼저 계획을 발표한다. 주변 사람들에게 '이 일은 이렇게 저렇게 하겠다.'고 말한다. 한번 내뱉은 말은 다시 주워담기 어렵다. 그러다 보면 중도에 포기하고 싶어도 호언장담했기 때문에 남의 눈이 무서워 포기할 수 없다. 그냥 밀어붙인다. 그러다 보면 어느 순간 본래 목표한 방향으로 꾸준히 나아가고 있음을 보게 된다.

우리의 뇌는 상상 속의 이미지와 현실 속의 이미지를 일치시키려는 경향이 있다. 머릿속 이미지를 주변 사람들에게 알리는 것은 뇌와 더불어 몸도 실천하도록 옭아매는 효과를 노린 것이다. 또한, 포기하고 싶어도 남들에게 호언장담했기 때문에 포기할 수 없는 상황을 미리 조성하기 위함이다. 말과 글은 뜻과 힘을 가지며 이를 입 밖으로 표현했다는 사실은 실현 가능성을 그만큼 더 높여주는 효과가 있다는 점을 알아야 한다.

J씨는 자신이 근무하는 조직 내에서 사건해결을 가장 잘하는 사람이었다. 무슨 일이든 맡기면 반드시 해내고야 마는 사람이었기 때문에 그의 상사는 그를 가리켜 해결사라고 부르기도 했다. 그는 일에 착수하기 전 남들에게 문제해결에 대한 의지를 표명하곤 했다. "이 문제를 앞으로 한 달 이내에 해결할 것이다."라는 식으로 공언했다. 버릇처럼 말로 해결방법을 먼저 제시했다는 것이다.

어느 날 그의 부하직원이 J씨에게 물었다. "상부에서 무슨 일을 하라고 하면 어떻게 그에 대한 것들을 잘 처리하십니까?" J씨의 말은 뜻밖이었다. "문제를 주면 그 문제의 해결방법을 상상해 보곤 하지. 그리고 해결된 이후의 쾌감과 나의 모습을 상상하는 거야. 그리고 문제해결에 대한 의지를 글로 써서 책상머리에 붙여놓고 그 내용을 남들에게 말하는 거야. 먼저 말을 하고 나면 그 말에 대해 책임을 져야 하므로 결코 일을 뒷전으로 미룰 수 없게 돼. 그래서 열심히 목표를 추구하게 되고 그러다 보면 결국 문제를 해결하고야 마는 것이지. 말로 뱉어낸 목표를 포기하면 남들의 웃음거리가 되니까."

# 02
# 자신을 먼저 사랑해야

## 자아를 찾아라.

세상에는 자신을 포기하고 그저 그렇게 살아가는 사람들이 허다하다. 자기 자신을 사랑하지 못하면서 어떻게 남을 사랑하며 행복을 추구할 수 있단 말인가. 최근 연구에 따르면 자존감이 높은 사람이 행복지수도 높다. 이러한 점을 고려할 때, 자존감을 확립하는 것이 자신을 사랑하는 하나의 방법이라는 데 의심의 여지가 없다.

기원전 200년경 진나라 말기, 귀족 집안에서 자라나 훌륭한 기개를 갖춘 천하명장 항우(項羽)가 황제의 실정에 반발해 반기를 들었다. 그는 희대의 지략가 범증의 도움을 받아 천하통일의 위업을 달성하기 직전이었다. 그러나 비천한 출신이지만 뛰어난 리더십을 발휘해 역사 속 승자로 기록된 유방(劉邦)에게로 장량과 한신 같은 탁월한 책사와 무인들이 속속 넘어가면서 위기감을 느낀다. 결국 초(楚)나라 항우와 한(漢)나라 유방은 최후의 일전을 준비한다.

당시 명장 한신(韓信)은 유방의 수하로서 대원수로 참전, 초한전(楚漢戰) 최후의 해하(垓下) 전투에서 항우를 제압한다. 한신은 초나라 영토인 회음(淮陰)의 백정 가문 출신으로 외모가 출중치 못하고 신분이 비천하여 마을에서 천하게 취급받고 있었다. 그렇지만 스스로 자신을 귀히 여겨 항상 몸에 자신을 보호할 칼을 차고 다녔다. 어느 날 마을의 불량배가 길 가운데에 떡 버티고 그를 막아서며 말했다. “너는 칼을 차고 다니니 겁쟁이가 아닌가? 진정 용기가 있으면 나를 찌르고 지나가든지 아니면 내 사타구니 사이로 기어가라.”고 조롱했다. 구타를 당해 엉망이 된 한신은 무릎을 꿇고 불량배의 사타구니 사이를 기어가 과하지욕(袴下之辱)라는 굴욕스러운 별명을 얻게 된다. 과하지욕은 사타구니 사이를 기어간 치욕이라는 뜻이다. 그런 그가 한고조 유방의 천하통일 대업을 이루도록 도와준 최고의 무사가 된 것이다.

사타구니 무사 한신은 유방을 도와 천하를 통일하여 개국공신이 된 뒤 고향으로 돌아가 자신에게 사타구니 치욕을 안겨준 불량배를 잡아들였다. 그리고 그에게 말했다. “당시 너 하나쯤 해치우는 것은 일도 아니었다. 그러나 그때 내가 자존심 때문에 너를 죽였더라면 나는 평생 살인자로 쫓겨 다녀야 할 판이었다. 나는 내 꿈을 이루기 위해 너를 죽이지 않았다. 그래서 너의 사타구니 사이로 기어가는 치욕도 마다하지 않았다. 그랬기 때문에 오늘의 내가 있을 수 있었다." 말을 마친 한신은 그 불량배에게 중위(中尉)라는 관직을 주어 마을의 치안을 담당하도록 했다.

반면 거의 패배해 본 적이 없는 귀족 출신의 항우(項羽, BC 232~202)는 자신이 천민 출신의 군대에 패했다는 사실에 자존심이 상할 대로 상했다. 전투에서 패배한 항우가 오강(烏江)에 이르자 오강의 정장(亭長)이 배를 언덕에 대고 강동으로 건너가자는 요청을 한다. 배들은 오로지 정장에게만 있었기 때문에 한나라 병사들이 항우를 쫓아 강을 건널 수 없는 상황이었다. 또한, 강동은 항우의 고향으로 비록 땅은 작지만 백성의 수가 수십만에 이르러 병사를 모아 훗날을 도모하기에 충분했다. 그러나 그는 "강동 자제 8000명을 데리고 전쟁에 나섰으나 모두 죽고 없다. 그 부형들이 나를 다시 추대한다 해도 무슨 면목으로 그들을 보겠는가?"라고 말하며 장렬한 죽음을 선택했다. 배를 타기만 하면 됐는데도 자존심과 부끄러움 때문에 죽음을 택한 것이다. 만약 항우가 자존감을 살려 자존심을 버리고 배를 탔더라면 역사가 달라지지 않았을까?

항우와 달리 한신은 자존심을 버리고 자존감을 택했던 것이다. 자존감이란 자기가치와 개인의 효율성이 상호 연관되어 있다. 자존감은 자아 인식과 자아 존중이 통합된 감정이자 자신에 대한 사랑이다. 강한 인내심으로 불가피한 시련을 극복하도록 이끌어 주며, 더 큰 행복을 느끼도록 도와주는 것이 자존감이다.

## 자존감의 단계를 높여라.

행복한 사람은 어떠한 상황에 부닥치든 관계없이 자기 자신을 긍정적으로 평가한다. '나는 현명한 사람이고 무슨 일이든 잘 처리할 수 있어.'라는 등의 긍정적인 생각을 가진다. 다시 말하자면 '연봉이 얼마인가?' 하는 등 주변의 획일적인 성공기준 또는 행복기준에 구애받지 않는다. 단지 자기 자신만의 기준에 초점을 맞추고 있을 뿐이다. 그러나 이와는 대조적으로 불행한 사람은 옆 사람과의 비교와 경쟁을 통해 실망하거나 초조해하거나 기가 죽곤 한다. 자존감이 그만큼 부족하기 때문이다. 자존감은 자기 인식과 내면적 자기 사랑이다. 자기 자신의 신뢰도를 높여가는 단계는 크게 3가지로 나뉜다.

첫째는 의존적 자존감이다. '칭찬은 고래도 춤추게 한다.'는 말에서 알 수 있듯 모든 사람은 타인이 자신을 인정해 주는 것에 민감하다. 남이 자신을 인정해 주면 가슴 한구석에 자부심이 솟구친다. 이렇듯 다른 사람의 칭찬과 인정으로 형성된 자존감을 의존적 자존감이라 부른다. 타인에 의해 인정받는 만큼 타인과 자신을 차별화할 수 있고, 그만큼 자신의 가치를 높게 생성해 간다는 뜻이다. 인간이라면 누구나 의존적 자존감을 가진다. "거울아! 거울아! 세상에서 누가 가장 아름답니?"하고 묻는 왕비도 백설공주와의 비교를 통해 행복을 찾는 의존적 자존감의 산물이다. 사법시험에 합격하여 뛸 듯이 기뻐하는 사람들도 역시 타인과 비교하여 자신의 성적이 높은 데 대해 행복해하는 것이다. 그러나 타인과의 비교에 의해 좌우되는 의존적 자존감은 자신을 사랑하는 정도와 행복의 기준선에 일정부분 영향을 끼칠지는 모르나, 더 큰 자기애와 내면의 행복을 느끼기에는 역부족이다. 타인에 의해 좌우되는 것들은 타인에 의해 깨질 수 있기 때문이다.

둘째는 독립적 자존감이다. 이웃 사람이 나보다 더 나은 상황에 있든 말든 전혀 개의치 않는 단계이다. 예를 들면 우리 집보다 이웃집이 더 크고 호화스럽다 할지라도 상관없다는 얘기다. 내가 내 집에 만족하면 이웃집에 신경 쓸 필요가 없다. 명문대학을 졸업하고 연봉이 높은 직장에 입사해 소위 강남의 몇 평짜리 아파트에 살아야 한다는 등의 성공조건이 필요 없다. 자기 자신이 만족하는 상황이면 충분하다는 것이다. 의존적 자존감이 발전하여 내부의 자아가 형성되기 시작하면 독립적 자존감 단계에 이르게 된다. 독립적 자존감 단계에서는 과거의 나와 현재의 나를 비교할 뿐 타인과 비교는 하지 않는다. 그래서 타인의 말과 행동에 영향을 받지 않으며 타인의 칭찬과 판단을 갈구하지도 않는다.

타인의 발전과 행복에는 관심을 두지 않고 오로지 자신의 행복에 더 많은 관심을 두고 평가를 한다. 그래서 자신의 목표와 행복에 도움이 되는 일이라면 적과 동침도 마다치 않는다. 독립적 자존감이 강한 사람은 남들이 걸었던 길이든 걷지 않은 길이든 전혀 신경 쓰지 않고 자신의 판단에 따라 길을 걸어간다.

셋째는 초월적 자존감이다. 초월적 자존감의 의미는 아주 단순하다. 목적 자체를 즐기는 것이다. 스포츠의 경우를 예로 들어보자. 축구경기를 하는 선수 중에 의존적 자존감이 강한 사람은 타인과의 경기력을 비교하여 자신이 축구를 더 잘한다는 데서 행복을 찾는다. 독립적 자존감이 강한 선수는 자신의 경기능력이 점차 향상되어 가는 데서 만족을 얻는다. 그러나 초월적 자존감에 다다른 선수는 타인의 칭찬이나 자신의 경기능력에 무관하게 축구라는 스포츠 그 자체를 즐긴다. 승패도 관계없다. 비록 상대편이라 할지라도 축구를 순수하게 즐기는 사람이라면 서로 감정을 공유한다.

사람이 처음 출생할 때는 자존감이 없다. 그러나 시간이 흐르면서 타인의 평가와 칭찬에 의해 의존적 자존감이 형성된다. 그 다음 자아가 형성되면서 과거, 현재와 미래의 자신을 비교하는 독립적 자존감을 발전시킨다. 독립적 자존감이 발전하면서 초월적 자존감이 형성된다. 독립적 자존감 이상(以上)의 자존감은 충분히 강한 내면의 자아를 형성했기 때문에 남들이 좋아해 주지 않아도, 남들이 인정해 주지 않아도 독립된 자신만의 길을 걸어 갈 수 있다. 남을 의식하지 않는 자신만의 행복을 찾기 위하여.

자존감을 높이기 위해 노력해 보자. 첫째로 세상에 오로지 나 혼자만 존재한다고 가정하자. 그리고 무엇을 하고 싶은지를 상상하여 남을 의식하지 말고 꾸준히 실현해 나가자. 둘째로 미래를 상상하라. 우리의 뇌는 가상 세계와 현실 세계를 구분하려 하지 않기 때문에 상상과 노력은 실현될 가능성이 크다. 셋째 거짓말을 하지 않는 훈련을 거듭하라. 오로지 진실만 말하는 습관을 들여라.

## 03
# 집중하여 몰입해야

집중하려면 우선적인 선결과제가 있다. 선결과제는 휴식과 충분한 수면이다. 우리가 집중하고 싶어도 휴식 없는 일상을 지속한다면, 아무리 재미있는 일이라 할지라도 결코 몰입할 수 없다. 또한, 휴식에는 충분한 수면도 포함된다. 적절하게 잠을 자두는 것이 활력을 유지하는 지름길이기 때문이다. 컴퓨터 게임에 중독된 청소년들이 밤새워 오락을 즐긴 뒤 생기(生氣)를 잃어버리고 생활하는 모습을 종종 보게 된다. 이들에게 절대 필요한 것은 잠이다. 휴식과 충분한 수면은 특정한 일에 집중할 수 있게 하는 필수불가결한 요소다.

## 휴식을 즐겨라.

인간이 집중력을 발휘하기 위해서는 선행조건으로 휴식이 필요하다. 고교생들이 입시를 위해 종일 공부만 한다면 어찌 되겠는가? 때로는 잡담과 때로는 명상으로 심신을 풀어줘야 한다. 심리학 연구에 따르면 인간이 집중력을 발휘할 수 있는 시간은 대략 60분에서 120분이다. 그래서 공부하는 사람들은 대개 50분 수업에 10분 휴식, 또는 100분 특강에 10분 내지 20분 휴식 형식으로 시간표를 작성한다. 휴식이 없으면 집중력을 회복할 수 없으므로 공부 도중 소위 딴짓을 하게 된다.

나는 통상적으로 심야에 독서를 즐긴다. 심야에는 주변의 간섭이 전혀 없어서 두세 시간은 거뜬하게 책에 몰입할 수 있다. 그러나 낮에는 다르다. 사람들이 방문해 오거나 수시로 전화벨이 울려 장시간 집중하기란 여간 어려운 일이 아니다. 그럴 때는 10분 집중하고 10분 휴식을 취하는 방법으로 독서를 한다. 나만의 집중과 휴식 방법이다.

일이 많아도 마찬가지다. 원하지 않는 일이거나 자신의 능력 밖의 일이라면 과감히 일의 양을 줄여라. 하루 동안 하는 일을 적당히 맞추는 지혜가 필요하다. 일이 많으면 스트레스가 가중된다. '모든 질병의 80%가 스트레스에서 기인한다.'는 의학연구 결과도 있지 않은가. 그렇다고 스트레스가 전혀 없는 삶은 무의미하다. 지나친 스트레스는 생활에 부정적 영향을 미치지만, 적절한 스트레스는 긴장감을 끌어올려 집중력을 높여주기 때문이다.

### 적절한 운동과 충분한 수면시간을 확보하라.

집중하기 위한 전제조건은 건전한 신체다. 신체가 건강해야 정신을 집중할 수 있고, 이러한 집중을 통해 만족감을 느끼면서 행복한 상태에 이르게 된다. 그러려면 유산소 운동이 필요하다. 유산소 운동은 신체에 충분한 산소를 공급하면서 운동을 지속하는 것을 말한다. 유산소 운동은 빠르게 걷는 정도의 중급(中級) 강도 수준으로 1시간 정도의 운동을 일주일에 서너 번씩 하는 것이 적당하다. 유산소 운동으로는 빠르게 걷기가 가장 좋다. 유산소 운동이 좋은 이유는 뇌와 관련이 있다. 뇌는 무게가 1.5kg 정도에 불과하여 전체 몸무게의 2~3%에 불과하다. 그러나 우리 몸 안의 산소는 20~25%를 소비할 만큼 산소공급에 민감하다. 우리가 걸을 때는 평소보다 10배 이상의 산소가 뇌에 공급된다. 숨을 쉴 때는 입보다는 코로 쉬는 것이 좋다. 코는 뇌와 가깝고 가늘고 깊게 호흡을 하게 해 뇌에 공급되는 산소의 양이 많지만, 입은 크고 얕게 호흡하기 때문이다. 그 외에도 근력운동이 필요하다. 근력운동은 기초대사량을 높여줘 살찌는 것을 막아주는 동시에 균형 잡힌 신체를 갖도록 해 준다. 그러나 과도한 운동은 건강을 해칠 수도 있으니 신체 상태를 고려한 운동을 적절히 선택해야 한다.

옛날 인간의 수면시간은 하루 10시간 이상이었다. 그러나 산업혁명 이후 빠르게 변화하는 산업현장의 수요를 맞추기 위해 수면시간이 점차 줄어들어 최근 성인들은 만성 수면부족에 시달리게 되었다. 2016년 1월 11일 발표된 보건복지부와 질병관리본부의 '2014 국민건강통계'를 보면 성인의 하루 평균 수면시간은 6.8시간이었다. 19~29세 7.1시간, 30대와 40대 6.8시간, 50대 6.7시간, 60대 6.6시간, 70대 이상 6.4시간 등으로 나이가 들수록 잠자리에 있는 시간은 줄어들었다. 그렇다면 수면시간은 어느 정도가 적당할까? 대략 1시간 정도를 더 자야 한다. 지금까지 8시간 정도를 자지 못한 사람은 오늘부터라도 8시간을 채우려고 노력해보자. 충분한 수면은 신진대사를 활발하게 하고 면역계통을 강화시킨다.

어느 조사에 따르면 수면이 부족한 사람은 부족한 수면시간만큼 뇌파가 수면상태와 동일하게 나타난다는 것이다. 뇌파가 잠들어 있으니 눈을 뜨고 있어도 일의 효율성은 기대할 수 없거니와 행복도 느끼기 어렵다. 잠든 뇌파를 깨우고 활력 넘치는 삶을 영위하기 위해서는 충분한 수면을 취하는 것이 좋을 듯하다.

하루 8시간 숙면을 취하기 위해 노력하자. 우선 잠자기 두세 시간 전에는 어떠한 음식물도 섭취하지 말자. 부족한 수면시간만큼 낮잠으로 보충하는 것도 좋은 방법이다.

### 집중하라.

우리나라 속담에 '두 마리 토끼를 잡으려다 한 마리도 못 잡는다.'는 말이 있다. 물론 일거양득(一擧兩得)이라는 두 마리 토끼를 다 잡는다는 말도 있지만 어찌 됐든 집중하는 것이 중요하다는 것을 강조한 속담이다. 성공한 사람들은 많은 일을 한꺼번에 처리하지 않았다. 우선순위를 두어 시급한 일부터 처리하되 집중력을 갖고 단시간에 처리했다는 것이다. 해야 할 일은 반드시 처리하되 충분한 휴식을 한 다음 집중력으로 승부를 걸었다.

—몰입하라.

음식을 먹을 때 맛과 향, 색깔을 음미해 보라. 공부할 때 하루 최소한 한두 시간이라도 몰두하라. 시간(時間) 단위로 집중이 안 되면 분(分) 단위로 집중하여 한두 시간을 채워보자. 설거지할 때도 귀찮아서 대충 대충하지 말고 정성껏 하라. 어차피 해야 할 일이라면 차일피일 미루지 말고 집중하며 즐겨라. 그리고 그다음 단계인 몰입에 주력하여야 한다. 몰입은 우리가 무슨 일을 할 때

그곳에 완전히 빠지는 총체적인 감각의 각성을 말한다. 그런데 중요한 것은 몰입의 순간이 저절로 찾아오는 것이 아니라는 것이다. 자기 자신이 자신을 알고 경험하면서 자신을 갈고 닦아 나아갈 때 생기는 것이기 때문이다.

J교수가 교수로 부임하기 전 다른 직장에 있었을 때의 이야기다. 사람들이 소설이나 여행과 관련된 책을 찾아 읽을 때 그는 차라리 영어 단어라도 하나 더 외우겠다며 영어 공부를 하기도 했다. 그런데 같은 부서에서 일하던 장 선생이 역사와 지리에 해밝은 지식을 갖고 있어 대화 때마다 주변사람을 놀라게 했다. J교수는 장 선생과 대화를 할 때면 자신이 상당히 무지하다고 느꼈다. 드디어 자신도 서양사에 대해서만큼은 남보다 더 많이 알아야겠다는 결심을 하고 의식적으로 서양 역사서를 사들였다. 하지만 책을 읽는다는 것이 어디 쉽겠는가! 그럼에도 그는 의식적으로 책의 내용에 몰입하려고 노력했다. 책을 읽다 보면 다른 생각이 들기도 해서 지금까지 무엇을 읽었는지 도통 모를 정도였다. J교수가 하던 일이 복잡한 일이었기 때문에 책을 읽다가도 다른 생각이 머리를 잠식하기 일쑤였다. 그럼에도 그는 단 5분만 몰입하자는 생각으로 5분을 숙독(熟讀)하곤 하였다. 그렇게 습관을 들여 나갔다. 한 달이 지나자 이제 30분 정도는 몰입할 수 있었다. 그러던 어느 날 밤 그는 갑자기 책의 내용에 몰입돼 그날 밤을 꼬박 새워버렸다. 주말이었기에 망정이지 그렇지 않았다면 그 다음 날 근무는 엉망이었을 텐데…. 그는 몰입이 잘 되는 시간대가 심야였다는 것을 깨달았다. 그 뒤부터 그에게는 의식적인 버릇이 생겼다. 주말이면 밤 11시경에 책을 붙잡고 새벽까지 독

서를 하는 것이었다. 그는 몰입되었을 때는 시간이 너무 빨리 흘러 문제라고 말한다. 집중의 절정인 몰입은 약간 어려운 기술이 요구되는 것이 사실이지만, 생활에 더 많은 도움을 줄 뿐만 아니라 행복을 비교적 길게 유지해 준다고 그는 말한다.

－남이 얘기할 때는 사려 깊게 경청하라.

사람은 나이가 들어갈수록 자신의 말을 많이 하는 경향이 있다. 남이 말하는 도중에도 불쑥 끼어들어 자신의 얘기를 하곤 한다. 그러나 집중하기 위해서는 자신의 말을 먼저하고 남의 말은 잘 들으려 하지 않는 태도를 고쳐야 한다. 성공한 사람 대부분은 자신의 말보다 남의 말을 잘 들어줬다고 한다. 성공하지 못해도 자신의 주관적 판단에 따라 행복의 기준을 낮추면 행복해질 수 있다. 그러나 기왕이면 성공하고 행복해 하는 것이 더 좋을 것이라는 데는 이견이 없다. 남의 의견을 많이 들어준 뒤 자신의 평가를 짤막하게 해 준다면 상대가 좋아할 것이다. 그러면 상대방이 나를 신뢰하게 된다. 그 덕분에 그가 내 성공의 조력자가 될 것이므로 나의 행복은 쉽게 달성될 가능성이 크다.

초나라 명가의 후예인 항우를 제압한 농사꾼의 아들 유방은 항상 신하들에게 '여하(如何)'를 외쳤다. 여하는 '귀하의 의견은 어떠한가?'이다. 반면 항우는 귀족출신답게 '하여(何如)'를 외쳤다고 한다. 하여는 '내 결정이 어떠한가?'라는 의미이다. 유방의 천하통일 비법은 남의 의견을 집중해서 들어주는 데 있었다. 내 말을 줄이고 남의 말을 들어주는 태도를 기르는 것이 최선의 방책이다.

푸랑수아 를로르의 소설을 영화화한 '꾸베씨의 행복여행'에서 주인공 헥터는 아프리카에서 돌아오는 비행기 안에서 죽어가는 환자를 만난다. 뇌수술 후 마지막으로 꼭 보고 싶은 사람을 만나기 위해 미국행 여객기에 몸을 실은 한 여성은 고도를 높인 여객기 안에서 고통에 몸부림친다. 마침 정신과 의사였던 헥터는 의사를 찾는 다급한 기내방송을 듣고 환자 곁으로 다가가 그녀의 증상을 살핀다. 그녀는 자신이 만나고 싶은 사람을 반드시 만나야 한다며, 위급한 자신을 내려놓기 위해 여객기가 회항하는 것을 두려워한다. 헥터는 그녀의 고통을 줄여주기 위해 기장에게 고도를 낮춰 주라고 부탁하고 그녀 곁에 앉아 그녀가 하는 말을 정성껏 들어준다. 비행기는 무사히 도착지에 착륙하고, 구급대원들이 그녀를 침대에 실었다. 헥터는 구급대원들에게 병원으로 가지 말고 그녀가 원하는 곳을 먼저 들러야 한다고 말한다. 그녀의 삶이 얼마 남지 않았음을 알고 치료보다 그녀의 소원을 먼저 들어주기 위한 것이었다. 이동침대에 실려 가던 환자는 행복한 미소를 띠고 헥터를 바라보며 '들어주는 것이 사랑이다(Listening is love.)'라고 말한다. 자신의 말을 주의 깊게 경청해준 헥터 꾸베에 대한 감사의 표시였다.

들어주는 것이 사랑이다. 바꿔 말한다면 사려 깊게 들어주는 것이 상대방을 행복하게 만든다는 의미다. 행복해지고 싶다면 남의 말을 경청하는 습관부터 길러야 한다. 상대방이 행복해지면 나도 행복해진다. 행복해진 상대방이 나에게 나쁜 말과 불쾌한 행동을 할 리 없기 때문이다. 그러나 상대의 말을 경청하지 않고 내 말만 해댄다면 상대가 얼마나 싫증나고 짜증스러워할지 한 번 상상해 보길….

"나이가 들수록 지갑은 열고 입은 닫아라."

## 04

# 실수와 실패를 인정하는 사람이 되어야

인간은 실수와 실패를 겪기 마련이다. 그런데 실수와 실패를 받아들이지 못하고 좌절하며 괴로워하는 사람들을 우리 주위에서 종종 보게 된다. 완벽을 추구하는 사람은 자신의 실패를 두려워하며 실패하지 않기 위해 급급해한다. 그러다 조금이라도 실패를 하게 되면 좌절과 자기 연민에 빠져든다. 이러한 사람은 삶의 과정에서 결코 행복하다고 말할 수 없다. 실패를 거듭하면 할수록 성공에 더 가까이 다가간다는 믿음으로 실수와 실패를 인정하는 편이 좋다. 왜냐하면, 재능을 갖춘 사람이 온 힘을 다해도 결과가 좋지 않을 수 있기 때문이다. 실패라고 해서 반드시 나쁜 것만은 아니다. 좌절 속에 희망이 숨어 있고, 영광 뒤에 시련이 도사리고 있기 때문에 실수와 실패를 인정하고 새롭게 행복을 찾아 한 걸음 한 걸음 내딛는 노력이 필요하다.

## 자신의 실수를 인정하라.

실패를 피하는 것이 행복의 길은 아니다. 실패를 통해 불행을 극복하는 방법을 찾아 진정한 행복을 찾아갈 수 있기 때문이다. 실패를 두려워해 실행을 주저한다면 결코 행복을 느낄 수 없다. 완벽을 추구하는 사람들은 실패를 두려워하며, 일련의 과정(process)들을 결과를 창출하기 위한 수단(means)으로 치부해 버린다. 그래서 결과에 대한 타인의 평가에 급급해하는 경향이 짙다. 의존적 자존삼의 전형적인 사례다. 또한 완벽주의자(完璧主義者)는 심리적인 방어기제(defence mechanism)가 강하여 타인의 의견을 받아들이지 못하며 자신의 속마음을 털어놓지 못한다. 그만큼 외롭다는 뜻이다. 그러니 모든 일을 혼자 생각하고 혼자 결정함으로써 실수의 가능성을 안고 살아간다. 또한, 완벽만을 추구하다 보면 타인과의 견해차나 다툼은 피할 수 없는 일이 된다. 그러면 삶이 메말라지고 황폐해질 수 있다.

반면 적당한 선에서 최선을 다하고 실패를 인정하는 최적주의자(最適主義者)는 실패를 성공을 위한 하나의 과정으로 생각한다. 인간은 실패를 통하여 세상을 배운다. 온 힘을 다해 노력해도 한계에 부딪힌다면, 깨끗이 실수를 인정하고 다른 방법을 찾아야 한다. 자신의 실수를 용인하는 데 인색해서는 안 된다. 삶을 살다 보면 목표를 달성하는 데는 어느 정도 운(運)과 타인의 도움이 필요하다. 온전히 자신의 노력만으로 성공하겠다는 완벽주의는 자칫 목표달성을 방해받는 상황에 빠질 수 있음에 명심해야 한다.

그렇다고 실수를 인정하고 잘못된 곳을 고치려는 노력을 게을리해서는 안 된다. 항상 자신의 실수를 되뇌고 다시는 같은 실수를 반복하지 않도록 기억해야 한다. 일본의 뇌 과학자인 요시야 박사는 오래도록 잊고 싶지 않은 내용은 최소한 20초 이상 집중해서 머릿속에 되뇌도록 조언한다. 이것은 20초 이내의 되뇜은 단기기억에 불과하지만, 그 이상의 되뇜은 장기기억으로 전환될 확률이 높음을 의미한다. 앞으로 실수뿐만 아니라 매사를 다시 한 번 더 생각하면서 20초 이상을 머릿속에 되뇌는 것을 습관화하는 것이 좋을 듯하다.

### 도전과 실패를 경험하라.

인간은 태어나면서부터 완벽해질 수 없다. 인간의 속성상 신(神)이 아닌 다음에야 완벽은 사실상 불가능하다. 많은 사람은 행동하지 않고 뇌(腦)로만 생각하며 시간을 보낸다. '구슬이 서 말이라도 꿰어야 보배'라는 속담에서 보듯, 아무리 좋은 물건이 있어도 행동으로 옮기지 않으면 돌덩어리에 불과하다. 좋은 아이디어가 있어도 실행하지 않으면 무용지물인 것과 같은 이치다. 완벽주의자는 실패를 두려워한 나머지 행동으로 옮기지 못하고 지나친 고민에 빠져 시간을 낭비하기 일쑤다. 우리는 누구도 완벽을 성취할 수 없다는 사실을 명심하고 실패를 부정적으로만 받아들이지 않으면 된다. 실패 속에서도 긍정적인 면을 찾아내 마음을 평화롭게 만들어라. 온갖 노력을 다했다는 사실에 만족하라. 실패는 성공의 어머니라는 말도 있지 않은가. '실패를 배워라, 아니면 배우는 것을 실패한 것이다.'

**활짝 피워낸 올림픽 꽃 장혜진, 그녀를 키운 8할의 시련**

2016년 8월 세계를 뜨겁게 달군 브라질 리우올림픽에서 양궁 여자대표팀 장혜진(30세)이 금메달을 목에 걸었다. 그녀는 지난 2012년 런던올림픽을 앞두고 열린 최종 선발전에서 단 1점 차로 올림픽에 출전하지 못하는 좌절을 겪었다. 그녀는 좌절을 딛고 다시 한 번 리우올림픽에 출전하기 위해 온 힘을 다했다. 그녀의 손가락 마디마디가 굳은살로 가득할 정도로 지독히 노력했다. 다시 시간이 흘러 2016년 4월에 개최된 올림픽 국가대표 최종 선발전에서 그녀는 단 1점 차로 경쟁자를 제치고 리우올림픽 티켓을 거머쥐게 되었다. 드디어 결전의 시간이 다가왔다. 장혜진은 여자단체전에서 기보배(28세), 최미선(20세)과 더불어 금메달을 목에 걸었다. 그리고 양궁 여자 개인전에서도 값진 금메달을 획득함으로써 여자양궁 2관왕의 영예를 동시에 누리게 되었다. 실패를 경험했기 때문에 더욱 승리의 영광이 빛났을 것이다.[5)]

5) http://sports.donga.com/3/all/20160812/79721838/1

## 타인이 나를 좋아하게 만들어라.

나를 좋아하는 사람이 많으면 실패 속에 허덕일 때 도와줄 사람이 나타난다. 나를 도와 좌절을 극복할 수 있도록 조언과 격려를 아끼지 않을 사람들을 확보하는 것이 행복을 달성하기 위한 지름길이다.

적이 많으면 많을수록 자신에 대한 험담도 많아진다. 남을 출세하게 하기는 어려워도 해코지하기는 쉽다. 너무 완벽을 추구하다보면 주위 사람들에게서 멀어지게 마련이다. 적당한 선에서 최고의 선을 추구하면 된다. 대부분의 사람은 집에서 가족들과 보내는 시간보다 직장동료와 보내는 시간이 훨씬 더 길다. 그렇다면 내가 타인을 좋아하도록 노력하는 가운데 타인도 나를 좋아하도록 유도해야 한다. 모두가 어려워하는 직장에서의 행복은 완벽(完璧, Perfection)을 포기하고 최적(最適, Appropriateness)을 선택하는 데서 시작된다. 완벽주의자보다 최적주의자가 사람들에게 더 매력적이기 때문이다.

사랑의 미학에 대해 얘기해 보기로 하자. 내가 어떤 사람을 좋아하게 될 때 도무지 내가 좋아하는 그 사람의 마음을 알 수가 없다. 그래서 우리는 사랑을 하면서 많은 시련을 겪는다. '그가 나에 대해 어떤 생각을 할까? 그가 내 마음을 알고 있을까?' 등등의 고민거리로 밤을 꼬박 새우기 일쑤다. 그러나 다른 사람이 나를 좋아한다는 사실을 알게 되었을 때는 어떠한가. 아이러니하게도 상대의 속마음까지 훤히 들여다보인다. '그가 하는 행동이 나에게 과시하는 것이구나! 사랑의 감정을 애써 억누르며 나에게 고백할 날만 기다리고 있구나!' 등등을 알 수 있다. 내가 상대를 사랑하면 상대의 마음을 읽기가 어려워지고, 상대가 나를 사랑하면 상대의 마음을 읽기가 쉬워진다. 그렇다면 답은 나와 있다. 타인이 나를 좋아하게 만들면 그 사람의 생각과 행동이 예측되어 나의 삶에 청량감이 된다. 그리고 그가 나를 더 좋아하도록 여건을 조성하면 그도 나를 위해 노력하기 때문에 서로의 행복은 우리 주변에 머무르게 될 것이다.

행복이란 남에게 축하의 말을 건넬 줄 아는 것이다. 남을 축하해 주는 데 인색하지 않다면 상대방도 나에게 축하의 말을 건넬 것이며, 그 덕분에 서로가 축복받는 행복한 사회가 될 것이다. 내가 남에게 종종 축하한다는 말을 건네고 상대로부터도 감사하다는 답변을 듣는 것이 그가 나를 좋아한다는 증거다. 남이 나를 좋아하게 만들어라!

## 05

# 진실한 인간관계 형성해야

### 비인간화를 떨쳐내라.

인간은 전통적으로 서로 만나고 부딪치면서 문제를 해결해 왔다. 서로 종종 싸우기도 하지만 싸움 속에서 인간적인 끈끈한 유대감을 갖게 된다. 그러나 최근 청소년들은 친구를 사람 대 사람으로 만나지 않고 가상공간에서 접촉하는 경향이 짙다. 컴퓨터와 스마트폰 등 풍족함의 이기(利器)에 젖어 사람들은 사이버(cyber) 상에 존재하는 가상적 존재가 되어버렸을 뿐이다. 풍족함이 비인간화를 일으킨 것이다. 이런 점을 고려할 때 조직의 진정한 리더는 가상의 존재에서 벗어나 조직원들의 인성 회복에 주력해야 한다.

사회가 현대화될수록 스마트폰 등 디지털 기기에 의존하여 암기나 계산 등을 소홀히 하는 경우가 허다하다. 뇌는 점차 기능이 떨어지고 디지털 기기는 뇌의 기능을 대체하게 된다. 인간은 디지털 기기가 없으면 전화번호조차도 기억해 낼 수 없다. 물론 간단한 계산도 하지 못한다. 암기하려고 하지 않고 곧바로 스마트폰 등에 저장한 데 따른 역작용이다. 이를 '디지털 치매'라고 한다. 행복해지려거든 가능한 디지털 기기를 멀리하는 것이 좋다. 신문도 지면을 통해 인쇄된 문자를 천천히 읽는 연습을 하는 것이 좋다. 가끔 컴퓨터가 아닌 손으로 글을 작성해 보는 것도 좋다.

사막의 베두인들은 한결같이 나그네를 만나면 응접실로 데려가 환대를 한다. 그들은 기본적으로 "오늘은 내가 집주인이고 당신이 나그네일지 모르지만, 내일은 당신이 집주인이고 내가 나그네일지 어떻게 알겠는가."라는 생각을 하고 사람들을 반긴다. 그들은 가진 것이 많지 않지만 기쁘게 공유한다. 머지않은 날 자신들이 위기에 처할 때 타인이 도와줄 것이라는 믿음을 갖고 있기 때문이다. 인간화가 이끌어낸 친절이다. 행복해지려거든 친절과 베풀기를 생활화해야 한다. 오늘부터라도 비인간화를 떨쳐내고 인간화를 이루기 위해 조금씩만 노력해 보는 자세가 필요하다.

지난 2015년 9월 쿠바를 방문, "신은 교회가 가난하길 바란다."는 프란치스코 교황의 말은 우리에게 시사하는 바가 크다. 가상현실 속의 비인간화를 떨쳐내고 스킨십을 강화한 현실세계

속에서 인간적 유대감을 끈끈히 가지라는 의미일 것이다. 부자일수록 문명의 이기에 파묻혀 사는 사람이 많기 때문에 문명의 이기를 벗어나 새롭게 인성을 되찾으라는 뜻이 아닐까?

### 진실한 인간관계를 형성하라.

행복 만족도가 높은 사람은 긍정적인 가운데 강력한 사회적 관계(socializing)를 맺고 있었다. 행복지수가 높은 나라를 살펴보자. 네덜란드와 호주는 친구관계가 좋았다. 이스라엘과 콜롬비아는 가족 구성원 간의 유대관계가 친밀했다. 또한, 덴마크는 인구의 92%가 다양한 클럽에 소속돼 지속적으로 사람을 만나고 있는 것으로 확인됐다. 행복지수가 높은 나라일수록 면대면(face to face) 인간관계를 형성하고 있음을 알 수 있다.

과학기술이 발전할수록 사람들은 얼굴과 얼굴을 맞대는 인간관계보다는 가상의 사이버 공간에서 인간관계를 발전시킨다. 가상의 공간에서 인간관계가 더 친밀해진다고 주장하는 이도 있다. 하지만 가상공간은 익명성 때문에 자신을 포장하기에 쉽다. 그래서 친밀한 인간관계가 성립되지 않는다. 서로의 공감능력을 확보하기 위해서는 얼굴을 맞대고 살갗을 부대끼며 엎어지고 뒤집어지는 가운데 강력한 유대감을 형성해야 한다. 지금부터라도 인간관계를 형성하려면 기술로부터의 단절을 도모해야 한다. 스마트

폰이나 컴퓨터 앞에서 지내는 시간을 줄여나가는 연습과 훈련이 필요하다. 행복은 공짜로 얻어지는 것이 아니다.

정보관이나 수사관들은 총격상황에 처할 때 동료에게 자신의 후위를 맡긴다. 두 사람이 서로 믿으며, 한 사람은 전방을 경계하고 나머지 한 사람은 후방을 경계한다. 믿지 못한다면 결코 자신의 등을 상대에게 맡기지 못할 것이다. 이들은 평소 아웅다웅 다투고 싸웠다 할지라도 최소한 총격상황에서만큼은 진정한 인간관계를 형성하게 된다. 이것이 인간관계다. 사이버상의 인간관계에서 결코 찾아볼 수 없는.

모든 연인관계도 3년이 지나면 교착상태에 빠지게 된다. 왜냐하면, 연인들의 열정이 길어야 2년밖에 유지되지 않는다는 연구결과가 나왔기 때문이다. 이탈리아 피사 대학 연구팀은 연인들이 서로 성적 매력을 느끼게 하는 신체 호르몬의 분비가 남녀가 만난 뒤 2년 이상 지속되지 않는다는 사실을 확인했다. 이러한 사실은 과학저널 <화학세계>에 발표되었다. 이것은 이른바 '욕정의 호르몬'이 없어졌다는 것을 의미한다. 이때 연인이나 부부들이 교착상태를 슬기롭게 극복하면 둘의 관계가 더 탄탄해짐을 느낄 수 있다. 그것은 안정적 사랑과 애착을 추구하는 옥시토신 호르몬의 작용이 있기 때문이다.

럿거스 대학의 헬렌 피셔 박사는 사랑을 3단계로 분류했다. 사랑의 제1단계는 자연스럽게 형성된다. 남성은 테스토스테론이라는 남성호르몬, 여성은 에스트로젠 호르몬에 의해 각각의 성적매력을 돋보이게 해 상대를 좋아하도록 한다. 이때 가슴 뛰게 하는 아드레날린, 그 때문에 행복해지도록 하는 세로토닌이 분비된다. 제2단계는 사랑의 열정기로 접어든 상태다. 도파민 호르몬이 분비되어 열정적으로 사랑한다. 눈에 콩깍지가 씌워지는 페닐에틸아민 등도 도파민과 합류한다. 먹지 않아도 배부르고 잔소리를 들어도 귀엽다. 제3단계는 상대방을 안정적으로 사랑하며 포용하는 단계다. 이때는 옥시토신이 분비된다. 또한, 일부일처제와 같은 소유적 애착을 갖는 바소프레신 호르몬도 함께 분비된다. 대부분의 사람은 제2단계인 열정이 식으면 서로 등한시해 버린다. 싫증과 짜증이 겹치더라도, 사랑의 위기가 찾아오더라도 이를 슬기롭게 극복해 낸다면 제3단계인 안정적인 인간관계가 형성될 수 있다. 옥시토신 호르몬은 신뢰와 사랑의 토대 아래에서 장기적 안정감을 가질 수 있도록 하기 때문에.

### 행복한 사람 곁에 머물러라.

자신이 행복하지 못하다고 실망할 필요는 없다. 행복하게 웃음 짓는 사람 곁에 머물면 되기 때문이다. 하버드 대학 니컬러스 크리스태키스와 제임스 파울러 교수가 의학과 과학으로 증명해낸 인간관계의 비밀 『CONNECTED, 행복은 전염된다』라는 책에 따르면, 아래에 기술된 것처럼 행복의 전염성이 강력함을 보여준다.

1단계 거리에 있는 나의 친구가 행복하면 내가 행복해질 확률은 약 15% 더 높아지고, 2단계(내 친구의 친구) 거리에 있는 사람이 나에게 행복을 확산시키는 효과는 약 10%이고, 3단계(친구의 친구의 친구) 사람에 의한 행복 확산 효과는 약 6%에 이른다. 그리고 4단계에서는 행복 확산 효과가 거의 사라진다. 또한, 우리는 행복한 친구가 한 명 추가될 때마다 행복해질 확률이 약 9%씩 증가한다는 결과를 얻었다. 그리고 불행한 친구가 한 명 추가될 때마다 행복해질 확률이 약 7% 감소한다.[6)]

위의 연구결과에서 보이듯 행복한 미소를 가득 머금은 사람과 함께 지내면 나에게도 행복이 전파되지만, 우울한 사람과 관계맺기를 한다면 우울함도 전파된다는 점이다. 영어 속담에 'Birds of a feather flock together.'라는 말이 있다. '같은 깃털을 가진 새들은 같이 모인다.'는 의미로 한자어로 표현하면 유유상종(類類相從)이라는 말인데, 행복한 사람은 행복한 사람들끼리 무리를 이뤄 인간관계(socializing)를 통해 행복을 전염시킨다는 뜻이다. 입가에 미소 짓는 행복한 사람들과 소셜라이징(socializing)을 강화하는 것도 행복을 훈련하는 좋은 방법이 될 것이다.

---

6) Nicholas A. Christakis & James H. Fowler, 2009, *CONNECTED*, Brockman, Inc., (이충호 역, 2010, 행복은 전염된다, 김영사, p.89, p.91)

내가 행복하면, 나는 물론 다른 사람에게도 행복을 선물하는 셈이다. 행복선물을 받는 사람이 되려면 행복한 사람들과의 인간관계를 확대하라. 더 나아가 나의 행복을 불행한 사람들에게 선물하는 사람이 되길 바란다.

| 제5장 |

# 행복 설계

알콩달콩 다투며 경쟁하는 것은 내가 살아 있음을 느끼게 한다. 울긋불긋 세상을 물들인 단풍잎을 바라보며 아름다운 생각에 빠지는 것도 내가 살아 있기에 가능하다. 세차게 몰아치는 북풍한설을 얼굴에 맞을 수 있는 것도 역시 내가 이 세상에 있기에 가능한 일이 아닌가! 인생 제2막을 사는 나는 현재를 온전히 살아가고 있음에 행복을 느낀다. 그러니 행복이란 내가 온전히 살아 있음을 느끼는 것이다.

긍정심리학 등에서는 행복이 마음상태에 따라 좌우된다고 여겨왔다. 긍정적인 생각으로 마음을 비우고 현실에 만족한다면 행복이 찾아온다는 것이다. 그렇다면 마음 상태를 정리하고 행복에 이르는 방법을 설계함으로써 더 많은 행복을 불러들일 수 있다는 결론에 도달한다. 이것은 내면의 상황을 과학적으로 설계한다면 불행을 최소화하고 행복을 극대화할 수 있는 지름길을 찾을 수 있음을 의미한다.

행복과 불행을 결정하는 중요한 요소는 어떠한 분야에 어떤 관심을 두고 어떻게 주의력을 집중하느냐 하는 것이다. 다 낡아빠진 구식 자동차를 고장이 잦고, 잘 달리지도 못한다는 생각으로 운전하는 것과 시중에 몇 대 없는 골동품인 만큼 귀한 차로 대접받는다는 생각으로 운전을 하는 것은 천양지차(天壤之差)다. 구식 자동차에 대한 관심(interest)과 주의(attention)가 행복의 정도를 결정한다. 이제 버려야 할 차라는 생각으로 운전한 사람은 결코 행복할 수 없다. 그러나 골동품으로 귀한 차라는 마음으로 운전한 사람은 운전하는 내내 차가 잘 달리지 못해도 행복하다. 즉 어느 쪽에 주의를 기울이느냐가 행복의 관건이다. 따라서 행복한 방향으로 주의를 전환할 수 있는 환경을 설계하면 행복해질 수 있다는 논리가 성립한다. 그리고 설계한 대로 훈련과 연습을 반복하면 인간은 행복해질 수 있다. 행복은 노력의 과정이다. 물론 노력 안에는 연습과 훈련이 포함된다.

그냥 찾아온 행복은 그냥 사라진다. 준비 없이 맞이한 행복은 그 효과가 오래가지 못한다. 강력한 행복도 다음 날, 그 다음 날, 또 그 다음 날이 되면 예전의 행복만큼 강도가 높지 못하며 점차 행복한 상태가 낮아져 결국에는 느끼지 못하게 된다. 그러나 목표를 세우고, 설계하고, 연습을 지속하여 찾은 행복은 그만큼 행복의 강도도 강하고 행복감도 비교적 오래간다. 그렇다면 행복설계는 어떻게 하는지 행복요소들을 찾아 실례를 들어보자.

## 관계 맺기(Socializing)를 설계하라.

지난 2016년 8월 18일 자 조세일보에 보도된 '한 사람의 성공에 미치는 영향을 분석한 결과'는 무엇보다 인간관계가 가장 중요함을 보여줬다. 성공한 사람 중 집안배경에 기대 성공한 사람이 5%, 전문적 능력으로 성공한 사람이 26%, 인간관계에 의존해

성공한 사람이 무려 69%로 나타난 것이다.[7]

또한 최근 연구결과에 따르면, 영장류와 몇몇 조류들은 다른 동물들의 행동을 보고 마치 자기가 그 행동을 한 듯한 반응을 보였다고 한다. 이를 거울신경시스템이라 칭한다.[8] 거울신경시스템은 인간의 뇌에서도 비슷하게 작동하기 때문에 행복한 사람들과의 관계 맺기를 통해 다른 사람의 행복한 모습을 자기 것으로 공감할 수 있게 되는 것이다.

관계 맺기를 강화시키려고 한다면, 주변사람에게 진실한 좋은 말을 하루에 한 마디씩 해보라. 그리고 전날 밤 그 사람의 장점을 찾아 다음 날 할 말을 생각하라. 절대 근거 없는 허황한 거짓말로 상대방에게 찬사를 보내지 말아야 한다. 그렇게 설계하고 반복하여 습관화시킨다면 상대방이 나를 좋아하게 되고, 결국은 끈끈한 관계 맺기에 성공할 것이다. 펜실베이니아 대학 마틴 샐리그만 박사와 일리노이 대학 에드 디너 박사가 행복한 사람들을 찾아 조사해 본 결과, 모두 긍정적이며 강력한 인간관계를 맺고 있었음을 밝혀냈다는 사실을 염두에 두어야 한다.

---

7) http://www.joseilbo.com/news/htmls/2016/08/20160818301670.html
8) Sissela Bok, 2010, *Exploring Happiness - from Aristotle to brain*, Yale University Press. (노상미 역, 2012, 행복학 개론, 이매진, p.27)

## 집중하기(Focusing)를 설계하라.

중국 한나라 시대 장군 이광(李廣, BC ?~119)은 변경의 수비대장으로 흉노족과의 전투에서 매번 승리하여 항상 이긴다는 뜻으로 상승장군(常勝將軍)으로 불렸다. 그런 그가 우북평군의 태수로 부임했을 때의 일이었다. 초저녁 컴컴한 산길을 지나가던 그는 어둠 속에 곧 공격할 듯 몸을 웅크리고 있는 호랑이를 발견하였다. 그는 곧바로 활시위를 팽팽하게 당겨 일발필살의 신념으로 화살을 날렸다. 시위를 떠난 화살은 호랑이의 몸에 깊숙이 박혔다. 그런데 실제로 화살이 박힌 곳은 호랑이가 아니라 호랑이의 형체를 닮은 바위였다. 이광 장군은 도저히 믿기지 않아 다시 제자리로 돌아와 힘껏 활시위를 당겼으나 화살은 바위를 뚫지 못하고 튕겨졌다. 그는 처음 쏜 화살과 두 번째 화살은 정신집중도에서 현격한 차이가 있었음을 깨달았다. 이를 가리켜 중석몰촉(中石沒鏃)이라는 고사성어가 탄생했다. 중석몰촉(中石沒鏃)이란 바위 중앙에 화살촉이 깊이 박혔다는 뜻으로 정신을 집중하여 몰입한다면 어떠한 일도 이뤄낼 수 있음을 이르는 말이다. 사기 이장군전 한시외전(史記 李將軍專 韓詩外專)에서 유래된 고사성어다. 또 다른 고사성어로는 사석음우(射石飮羽)라는 말이 있는데, 초나라 웅거자(熊渠子)라는 사람도 호랑이인 줄 알고 쏜 화살이 화살깃까지 묻힐 정도로 돌에 깊이 박혔다는 뜻이다. 정신을 집중하면 불가능할 것 같았던 일도 해낼 수 있다는 것을 설명해 주는 좋은 고사성어다.

그렇다면 어떻게 집중할 것인가? 우선 주변을 설계하여 집중할 수 있는 여지를 만들어야 한다. 집중이 잘 안 된다면 명상을 배워 활용하고, 벽과 부엌 등지에 '무슨 일을 하든 집중하자'라는 표어를 붙여놓아라. 그리고 가족들의 이야기를 건성으로 듣지 말고 경청하며, 항상 마음을 다해서 일을 행하는 습관을 들여라. 음식을 먹을 때도 꼭꼭 씹어 먹는 집중력을 키워야 한다. 교근(咬筋)이라는 턱 근육은 뇌 신경과 직접 연결돼 있어 뇌 조직 중 특히 기억을 담당하는 해마를 운동시켜 기억력을 향상시킨다. 그러므로 식사를 할 때도 음식의 맛과 향을 음미하며 씹는 것에 집중해야 한다.

일할 때마다 잡념을 떨쳐내라. 자꾸만 상념이 파고들면 고개를 흔들어 상념을 잊으려고 노력하고 단 1분 만이라도 온전히 집중하는 훈련을 해야 한다. 그러다 보면 집중의 시간이 1분에서 5분으로 늘어나고, 다시 5분이 10분으로 늘어난다. 이처럼 부단한 노력을 통해 집중하는 시간을 늘려나가야 한다. 그리고 집중하기 위한 자신만의 취향을 찾아 그 취향에 맞는 방법을 설계하여 행동하는 것이 좋다. 그것이 습관이 될 때까지.

## 실천하고 대처(Coping)하는 법을 설계하라.

국어사전에 '대처하다.'의 의미는 '어떤 정세나 사건에 대하여 알맞은 조치를 하다.'로 기재돼 있다. 영어로는 'cope with'이다. 실패를 경험했을 때 많은 사람이 좌절하고 만다. 조금만 더 도전하고 적절히 대처한다면 성공할 수 있는 데도 말이다. 이에 대해 해줄 수 있는 말은 실패를 두려워하지 말고 전진하라는 것이다. 설령 크고 작은 실패가 예견된다고 할지라도 그 덕분에 새로운 교훈을 얻을 수 있기 때문이다.

실패를 두려워하는 완벽주의자가 되기보다는 실패를 통해 성공을 향해가는 최적주의자가 되는 편이 낫다. 사람들은 누구나 어느 순간 역경과 고난을 마주하게 된다. 그때 역경에 맞서 싸워나가는 사람이 있지만, 고난을 피하고 일을 포기하는 사람도 허다하다. 지구상의 모든 리더는 정체성이 무너질 정도의 큰 시련을 겪었다. 그 시련을 대처하고 극복한 뒤 그들은 더 강해질 수 있었다. 모든 사람은 안락함이라는 타성에 젖어 있다. 나는 '참을 인(忍)자 세 개면 살인도 피한다.'는 말을 중시하여 항상 참아보자는 설계를 한다. 유달리 목소리가 커서 화를 낸다는 오해를 종종 받곤 하는 나의 특성상 타인과 얘기할 때는 매번 참을 인(忍)자를 생각하며 목소리를 낮춰 대화를 이끌어 나간다.

19세기 토마스 에디슨도 백열등을 발명하기 위해 무려 5천여

회의 실패를 거듭했다. 미국의 슈퍼스타 실베스터 스탤론도 획기적 흥행실적을 기록한 '록키(Rocky)'라는 영화를 탄생시키기 위해 시나리오를 들고 영화사를 무려 1,850번이나 찾아다녔다고 한다. 이들은 모두 실패에 맞서 대처했기에 성공을 이룰 수 있었다. 생각날 때 실행하라. 그 실행과정에서 직면하는 문제들에 당당히 대처하라. 결코, 실패를 두려워해서는 안 된다. 독자도 어떠한 일에서 좌절을 경험했을 때 새로운 출구를 찾아 당당히 밀고 나가는 계획을 설계하길 바란다. 대처방법을 설계하고 행동으로 실천할 때 우리의 뇌는 그 일이 성공하도록 변화한다.

### 즐거이 베풀기(Giving)를 설계하자.

지난 2011년 9월 27일 '기부천사 배달원 안타까운 죽음'이라는 제목으로 한국일보에 보도된 내용을 간추려 보았다. 생활비에 쪼들리며 살면서도 즐겁게 베풀기를 생활화했던 한 남자의 안타까운 사연이 당시 우리 사회를 안타깝게 만들었다.

> 지난 2011년 9월의 어느 날, 빠듯한 생활비로 고시원 쪽방에서 혼자 살면서도 형편이 어려운 어린이들을 후원해 오던 한 중국집 배달원이 교통사고로 숨졌다. 세상을 떠나면서 어려운 어린이들을 위한 보험금까지 남겼다. 강남의 한 고시원에서 기거해 온 김우수

(54) 씨는 70만 원 안팎인 자신의 월급을 쪼개 2006년부터 매달 5~10만 원을 어린이재단에 기부했고, 재단 앞으로 보험금 4천만 원의 종신보험도 들어놨다. 김 씨는 생전 장기기증 의사도 내비쳤지만, 무연고자인 탓에 병원에서 가족을 찾는 데 시간이 오래 걸려 장기를 기증할 시한을 넘겼다. 재단 관계자는 "7살 때 고아원에 버려졌던 김 씨는 홧김에 저지른 방화로 감옥에 갔다 출소 직전 재단을 알게 돼 줄곧 인연을 이어왔다."고 말했다. 재단 측은 "김 씨가 최근 형편이 어려워졌지만, 후원금을 3만 원으로 줄여서라도 꼬박꼬박 냈다."며 "가족이 없어 빈소도 못 차리고 있어서 어린이 재단이 나서 장례를 치르기로 했다."고 밝혔다.

우리는 흔히 "나 하나 베푼다고 세상이 달라지나?"라는 생각을 한다. 그러나 나비효과에서 볼 수 있듯 나비의 날갯짓이 공기의 흐름에 영향을 끼쳐 나중에는 폭풍우를 동반하는 기상이변을 만들 수도 있다. 대학교수인 J씨는 매년 베풀기를 설계한다. 2015년에는 나라를 지키기에 여념이 없는 군 장병을 위해 위문금을 500만 원으로 설정했다. 그 외에도 어려운 대학생에게 학자금을 대신 내주려고 계획을 세웠다. 그는 2015년 중 설계된 계획을 착실히 실행하여 군부대 위문금은 1,000만 원을 넘어섰고, 나이 많은 어려운 학생에게도 등록금을 대신 내 주었다. 물론 학생은 고마움도 모르고 학교를 떠나버렸지만, 그는 그래도 행복하다고 한다. 받는 행복보다 주는 행복이 더 오래가기 때문이다.

베푼다는 것을 물질적으로만 생각하지 말 것을 당부한다. 즐겁게 건네는 찬사 한마디면 충분하다. 마음으로 정신적으로 베푸는 것도 역시 베풀기의 한 방법이다. "가는 방망이, 오는 홍두깨"라는 말이 있지 않은가. 나쁜 말 한마디면 저주의 말 열마디를 듣는 것이 세상 이치다. 그러니 칭찬과 격려의 말 한 마디로 좋은 말 열 마디를 들어보자. 물질적·정신적 베풀기를 설계한다면 우리 사회는 밝고 명랑한 사회로 다시 태어날 것이다.

### 적당한 휴식을 설계하라.

우리의 뇌는 깨어 있는 동안 받아들인 정보를 자는 동안 정리하는 것으로 알려졌다. 기억할 내용이 많을수록, 깨어 있는 시간이 길수록 우리의 뇌는 혹사당한다. 그럴 때 적절한 휴식과 수면은 기억력을 향상한다. 인간이 휴식할 때 나오는 뇌파인 '알파($\alpha$)'파는 집중력과 기억력을 높이는 데 도움이 된다. 독일의 생리학자 칼 폰 바르트는 기억력은 휴식을 통해 강화된다면서 대략 50분마다 10분 정도 두뇌를 휴식시켜 줄 것을 주문했다.

행복은 자신의 마음을 어느 정도 긍정적인 방향으로 변경했느냐에 좌우된다. 자신의 목표를 설계하고 습관으로 정착될 때까지 훈련과 연습을 반복하는 것이 중요하다. 행복은 수확체감의 법칙이 적용된다. 자본과 노동력을 투입해도 일정 수준에 도달하면 더 수익이 늘지 않는다는 법칙이다. 이 말은 노력과 실천을 아무리 열심히 해도 적당한 휴식과 재충전의 시간이 없다면 행복이 끝도 없이 늘어나지 않는다는 얘기다. 일만 하기보다는 일하고 노력한 만큼 적당한 휴식 등 여가활동이 필요하다는 의미다.

걷는 것도 휴식의 하나다. 미국 피츠버그 대학에서는 매주 10~14km를 걸은 사람은 성별이나 체중에 관계없이 나이를 먹어도 인지능력을 잘 유지하고 있음을 밝혀냈다. 또한, 미국 컬럼비아 대학에서도 걷기와 같은 유산소운동이 뇌세포가 줄어드는 현상을 지연시킨다는 사실을 확인했다. 인간은 나이가 들수록 뇌세포의 인지질이 말라감에 따라 뇌의 용량이 줄어들면서 인지기능이 떨어진다. 인지기능이 떨어지면 치매와 같은 질병이 찾아들어 행복은 사실상 물 건너가게 된다. 기억력에 따라 삶의 질도 변화하기 마련이다.

나는 1년 동안 집중하여 일한 다음에는 반드시 휴식을 설계한다. 1년에 한두 번 외국여행과 걷기를 통해 심신의 피로감을 떨쳐낸다. 다른 사람들은 휴식을 편히 쉬는 데에만 주안점을 둔다. 그리고 걷기와 해외여행은 오히려 피로감을 가중시킨다고 말하기도 한다. 하지만 나는 '산티아고 가는 길(el Camino de Santiago)'을 걸으면서 발바닥의 물집이 터지고 허벅지의 근육통이 엄습하는 가운데에서 오히려 육체적·정신적 평안함과 안정감을 느꼈다. 마음의 평화가 찾아왔다. 그러므로 자신의 마음 상태가 어떠한가에 따라 휴식의 범위와 개념도 달라질 수 있다. 거기에다 뇌세포가 줄어들지 않아 얼마나 좋은가!

### 여행 떠나기를 설계하라.

완벽만이 능사가 아니다. 어느 때에는 물러날 줄도 알아야 하고, 또 어떤 때는 과감히 재도전할 줄도 알아야 한다. 그러기 위해서는 상황에 따라 적절한 행동을 취해야 하는데, 그때 나 자신을 다시 되돌아보고 생각을 정리하는 데는 여행이 최고다. 여행은 틀에 박힌 일상에서 벗어나는 즐거움을 안겨준다. 그러한 즐거움이 미미하게나마 행복으로 축적돼 나간다.

지난 2013년의 일이다. 오랫동안 근무하던 직장을 떠나야 할 시점이 되었을 때 좌절과 연민으로 심각한 우울증에 빠진 적이 있었다. 그때 나의 결정은 여행을 떠나는 것이었다. 아내와 두 달 가까이 스페인 '산티아고 가는 길'을 걸으며 주변을 살펴보았다. 1987년 브라질의 유명작가 파울로 코엘료도 이 길을 걷다 깨우침을 얻고 『순례자』를 집필한 데 이어, 『연금술사』를 출간하기도 했다. 우리 부부도 이 길을 걸으며 가톨릭의 가르침과 세상의 이치를 새삼 되새겼다. 그 뒤 나의 인생은 달라졌다. 직장에서 승진을 거듭하며 완벽하게 살아야겠다는 꿈을 내던져 버렸다. 인생이란 원천적으로 완벽할 수 없기에. 분노와 좌절을 여행을 통해 극복해 냈다. 순례자들이 길을 걸으며 겪었던 숱하게 많은 경험들을 나 자신도 모르게 공유했던 것이다.

여행이란 일상의 잡다함 속에서 벗어나 멀리서 나 자신을 되돌아보는 계기가 된다. '벗어나는 기쁨이 상당한 행복을 안겨준다.'는 사실은 이를 경험해 보지 않고는 알기 어렵다. 휴식을 취할 수 있고, 남들의 경험을 공유할 수 있고, 곰곰이 생각에 빠질 수도 있고, 재미있는 이야깃거리를 만들어 낼 수도 있는 여행은 최적론자가 선택하는 중요한 수단일 것이다.

지난 1년 동안 숱하게 많은 잡다한 일들에 시달렸다. 맡고 있는 업무가 그리 복잡한 것도 아닌데 직장생활이란 것이 다 그런 것인가? 나도 모르게 마음의 부담이 점차 커져가고 있을 즈음 여행 떠나기가 설계됐다. 2016년 10월 캐나다의 메이플 단풍이 나를 유혹하고 있었다. 헬기를 타고 내려다보는 나이아가라 폭포의 경이로움에 저절로 행복하다는 생각이 들었다. 대자연의 경외감이 주는 행복이다. 나의 여행에 천섬도 포함되어 있었다.

거대한 온타리오 호수의 물줄기를 따라 흐르는 세인트로렌스 강 위에 보석처럼 점점이 1,864개의 섬이 펼쳐진다. 프랑스의 한 탐험가는 하늘과 수면의 경계가 구분되지 않을 정도로 푸르른 환상의 강에 점점이 떠 있는 천여 개의 섬들을 보고 천섬이라 이를 지었다. 세인트로렌스 강은 미국과 캐나다를 가로지른다. 그래서 섬마다 게양된 국기가 미국 영토인지 캐나다 영토인지를 알 수 있게 해준다.

크고 작은 아름다운 섬들 중에 백만장자 호텔지배인 조지 볼트가 건축했다는 볼트성(Bolt Castle)이 나의 마음을 감동으로 몰고 갔다. 하트섬의 중앙에 뾰족한 지붕이 얹어진 건물이 바로 그 유명한 볼트성이다. 볼트는 사랑하는 자신의 아내를 위해 이벤트를 준비했다. 그는 이곳 섬을 사들여 하트(♡) 모양으로 주위를 깎아냈다. 그리고 가장 좋은 호텔을 짓기 시작했다. 병약한 아내가 마치 공주처럼 이곳에서 편안히 지내도록 만들기 위해서였다. 그러나 그의 아내 루이스는 섬의 완공을 보지 못한 채 1904년 조용히 눈을 감았다. 볼트는 아내가 세상을 떠나자 공사를 중단하고 워도프 아스토리아 호텔로 돌아가 생을 마감했다. 디즈니랜드의 아름다운 성과 유사한 볼트성은 동화 신데렐라 같은 슬프고 아름다운 사랑이야기를 간직한 채 아직도 미완의 사랑으로 남아 있었다.

이 이야기는 필라델피아의 조그만 호텔 종업원이던 조지 볼트가 일약 월도프 아스토리아 호텔의 총지배인이 된 이후의 얘기다. 볼트는 자신을 인정해 준 노신사의 딸 루이스와 결혼하였다. 그리고 그녀를 위한 성(castle)을 짓다 그녀가 죽자 돌연 공사를 중단하고 다시 월도프 아스토리아 호텔로 돌아와 죽을 때까지

12년 동안 그녀를 생각하며 그곳에서 지냈다.

캐나다와 미국 사이에 점점이 떠 있는 천섬을 여행하면서 내내 행복천사가 내 주위를 맴돌고 있음을 느꼈다. 시기, 질시, 중상모략 등과 같은 세상의 잡다한 일들을 떨쳐내고 오로지 여행에 집중하면서 메이플 단풍의 색동옷에 탄성을 질러댔다. 어떠한 것과도 바꿀 수 없는 소중한 나의 행복여행이었다.

일반적으로 우리 인간이 돈을 소비하는 데에는 세 가지 유형이 있다. 첫째, 생존을 위해 절대 필요한 지출이다. 둘째, 꼭 없어도 무방한 사치품 등을 소유하기 위한 지출이다. 셋째, 지식을 공유하고 체험을 해 보기 위한 소비다. 여행은 지식과 체험을 위한 세 번째 소비 유형에 속한다. 첫 번째 소비는 생존을 위해 반드시 소비되어야 한다. 그러나 두 번째 유형에 속하는 사치품 등의 물품을 구매하는 것과 같은 소비는 즉각적인 만족도가 높긴 하지만 그 만족이 오래가지는 못한다. 자동차나 목걸이 같은 물건은 부서지거나 잃어버리는 등 한계수명이 있기 때문이다. 그러나 지식과 경험은 우리의 기억 중추에 저장되어 평생 지속될 수 있기 때문에 돈으로 경험(여행)을 사는 것은 절대적으로 필요하다.

행복은 생각하기 나름이다. 불행한 일일 지라도 그 안에서 희망적인 요소를 찾아내어 마음을 긍정적으로 변화시킬 수 있다면 행복해질 충분한 자질을 갖춘 사람이라고 말할 수 있다. 그러나 마음만으로는 어떠한 것도 이뤄낼 수 없다. 행복해지기 위한 계획을 실천하고 다듬어야 한다. 그래서 행복해지고 싶다면 행복을 설계하고 실천하기를 적극적으로 권장한다. 이것이 행복실천론이 지향하는 바다.

## 참고문헌

김두열, 갈등관리, 공동체, 2014

니컬러스 크리스태키스 외(이충호 譯), 행복은 전염된다, 김영사, 2015

왕엔밍(김정자 譯), 행복이란 무엇인가, 느낌이있는책, 2014

이도준, 인생에서 가장 소중한 것은 고수에게 훔쳐라, 황소북스, 2016

이상복, 행복을 부르는 긍정심리학, 공동체, 2013

조선일보, 한국일보, 조세일보, 농민신문, 레이디경향 등 언론매체 참조

주용국 · 신문지, 행복하이소, 동문사, 2016

최성애, 행복수업, 해냄출판사, 2012

톨스토이(권희정 역), 톨스토이 단편선 2, 인디북, 2006

Ray Oldenberg, The Great Good Place, Da Capo Press, 1999

Sissela Bok, Exploring Happiness, Yale University, 2010

## 저자소개

고려대에서 주한미군과 관련된 문제를 연구하여 정치학석사 학위를, 부경대에서 독도의 환경을 분석하여 공학박사 학위를 받았다. 현재는 서정대학교 아동청소년학과에서 교수로 재직 중이다. 최근에는 행복학에 관심을 갖고 군부대를 순회하며 장병 인성교육에 주력하고 있다.

# 행복도 제 하기 나름, 행복실천론


**초판 1쇄 인쇄** / 2016년 11월 15일
**초판 1쇄 발행** / 2016년 11월 25일

**저 자** / 진 종 구
**발행인** / 이 중 수
**발행처** / **동 문 사**

서울특별시 서대문구 홍제원 1길 12
(홍제동 137-8)
Tel : 02)736-3718(대), 736-3710, 3720
Fax : 02)736-3719
**등록번호** : 제9-17호
**가격** : 15,000원

ISBN : 978-89-8251-865-2(93300)
E-mail : dong736@naver.com
www.dongmunsa.com

저자와의 합의하에 인지는 생략합니다.